如何与
难以相处的人
打交道

[第五版]

[英]罗伊·利利(Roy Lilley) 著

于巧峰 译

**DEALING WITH
DIFFICULT PEOPLE**

Fast, effective strategies for
handling problem people

中信出版集团 | 北京

图书在版编目（CIP）数据

如何与难以相处的人打交道：第五版 / （英）罗伊·利利著；于巧峰译. -- 北京：中信出版社，2023.12
（创造成功经典系列）
书名原文：Dealing with Difficult People（Fifth edition）
ISBN 978-7-5217-6163-4

Ⅰ.①如… Ⅱ.①罗…②于… Ⅲ.①人际关系学－通俗读物 Ⅳ.① C912.11-49

中国国家版本馆 CIP 数据核字 (2023) 第 225557 号

Dealing with Difficult People by Roy Lilley
Copyright © Roy Lilley, 2008, 2013, 2016, 2019, 2022
'This Translations of Dealing with Difficult People is published by arrangement with Kogan Page.'
Simplified Chinese translation copyright © 2023 by CITIC Press Corporation
ALL RIGHTS RESERVED
本书仅限中国大陆地区发行销售

如何与难以相处的人打交道 [第五版]

著者：　　　［英］罗伊·利利
译者：　　　于巧峰
出版发行：　中信出版集团股份有限公司
　　　　　　（北京市朝阳区东三环北路 27 号嘉铭中心　邮编　100020）
承印者：　　北京通州皇家印刷厂

开本：880mm×1230mm　1/32　　印张：8.25　　字数：160 千字
版次：2023 年 12 月第 1 版　　　　印次：2023 年 12 月第 1 次印刷
京权图字：01-2023-5320　　　　　书号：ISBN 978-7-5217-6163-4
　　　　　　　　　　　　　　　　　定价：48.00 元

版权所有·侵权必究
如有印刷、装订问题，本公司负责调换。
服务热线：400-600-8099
投稿邮箱：author@citicpub.com

关于本书

本书不像《战争与和平》那样的文学巨著,你不必从头读到尾。当然,如果幸运的话,读完后你会得到一些想法,让你拥有更"和平"的生活,而不是处处"硝烟弥漫"。

这是一本值得深挖的书,想一想那些让你难以应对的人或处境,并从中找到相应的解决方案去付诸运用。人生苦短,不要浪费在与人争吵上。

本书可涂可画可撕,这些以前在学校里做会让你留堂的事情,你都可以做! 本书是一本工具书,但不是参考书,你可以深入阅读但无须沉浸其中。

本书可以帮助你改善自己的表现,也可以为小组工作提供灵感,以提高团队业务水平。

对没有经验的人来说,难以相处的人可能是生活中的毒药、污点,与之共事真的是一种痛苦。本书的目的就是帮助你享受与难以相处的人打交道的过程。一旦你获得了钥匙，你就可以解锁与那些难以相处的人的相处之道，从而影响他们，让他们为你工作，但他们却发现不了自己在为你所用。

> 第一条规则：世上没有难以相处的人，只有我们需要学习如何与之相处的人。
>
> 第二条规则：再读一遍第一条规则。

目 录

第一章 人际关系速成课 / 001

难以相处的人是谁？我吗？/ 003

第二章 七种典型的难以相处的人 / 011

如何辨识难以相处的人 / 013

首先，做出判断 / 023

第三章 与难以相处的老板打交道 / 031

愤怒的老板 / 035

永远不要让老板看到你的狼狈相 / 036

第四章 与难以相处的同事打交道 / 041

疯狂竞争 / 044

竞争、敌对和人身攻击 / 046

总是有保持沉默的人 / 047

第五章　与难以相处的员工打交道 / 051

独立还是固执 / 057

当时针指向12 / 059

好的老板不会打探别人的隐私，但其实可以试试 / 061

挥手打招呼还是溺水求救 / 062

看看你是一个多么称职的老板 / 066

极难相处的员工 / 067

第六章　安抚利己主义者 / 071

如果你的老板是一位极端利己主义者 / 073

如果为你工作的是一位利己主义者 / 074

极端利己的同事 / 075

和万事通打交道 / 076

第七章　与咄咄逼人的人打交道 / 079

如果一个咄咄逼人的经理试图否定你的想法 / 082

如果你接了一个永远不会成功的项目 / 083

如果你被人背后捅刀子 / 083

第八章　与懒惰的人打交道 / 087

看表族、墨守成规者和"非我发明"者 / 090

如果被懒散的同事拖了后腿 / 092

游手好闲的老板 / 092

　　如何吃掉一头大象 / 093

　　懒到极致的人 / 094

第九章　让恃强凌弱的人自食其果 / 097

　　高分贝独裁者 / 100

　　当一切都失败时 / 101

　　一点就着的同事 / 102

第十章　抱怨者、牢骚者和批评者 / 105

　　冷水折磨 / 108

　　尝试建立同盟、合作和联系 / 109

　　当批评者把矛头对准自己时 / 110

第十一章　令人头痛的完美主义者 / 113

　　完美主义者的动机是什么 / 117

　　规则就是规则 / 117

　　追求完美的老板 / 119

第十二章　操纵那些操纵者 / 121

　　如果你被当作替罪羊 / 124

　　让我们做个交易 / 126

如果你很容易被讨好 / 128

如果你被员工恭维 / 129

第十三章　士气、态度以及你感觉如何 / 131

如果你受够了生病的员工 / 135

大家都装病 / 136

拉帮结派 / 138

第十四章　吹毛求疵者和爱挑剔者 / 141

如果你有一个挑剔的老板 / 144

挑剔的同事 / 145

第十五章　流言蜚语：本可以避免的灾难 / 149

遏止流言蜚语的良方 / 154

防胜于治 / 156

第十六章　客户真的总是对的吗 / 159

与难以相处的客户打交道 / 162

你想什么时候要 / 163

避免麻烦 / 164

十分、非常、特别、极其难相处的客户 / 164

提醒客户你有多好 / 165

爱尖叫的人 / 166

如果你的员工大发脾气 / 169

当老板大喊大叫时 / 170

与非常粗鲁的人打交道，不必以牙还牙 / 171

伪装的粗鲁 / 172

第十七章　投诉：我们热爱投诉 / 175

成功的六个步骤 / 177

第十八章　电子邮件给你的办公场所带来的问题 / 187

避免电子邮件失策 / 190

第十九章　社交网络 / 193

给聪明人的话 / 196

网络暴力是什么 / 196

管理不善 / 199

这太简单了 / 200

你能做什么让自己免受网络暴力 / 200

你不是孤身一人 / 202

法律教会我们什么 / 202

如果你在网络上或现实中遭受了霸凌怎么办 / 204

第二十章　线上工作 / 211

这种趋势会一直持续下去吗 / 214

虚拟合作将重新界定我们的工作方式 / 215

改变我们对会议的看法 / 216

每个人都知道如何使用该技术吗 / 217

虚拟会议真正的敌人是无聊或者缺乏参与 / 219

会后什么都不用做了吗 / 221

第二十一章　如果情况不改变，他们就不会改变 / 227

变革中有四个 C / 229

在变革时期与难以相处的人打交道 / 231

第二十二章　关于冲突和如何处理冲突的快速指南 / 237

什么是冲突 / 239

处理冲突：冷却冲突的 10 个步骤 / 241

第二十三章　最后的最后…… / 245

如何激励销售团队 / 249

第一章
人际关系速成课

本书主要探讨如何与难以相处的人打交道，而不是如何摆脱困境或处理难题，大家明白吗？我们的关注点是人。诚然，难以相处的人会让你生活痛苦、处境困顿、问题缠身。然而，"人"才是所有问题的中心。因此，了解人们的本性，知道他们的所思所想，思考其行事的原因，我们就可以避免上述不好的情况的发生。

如果我们播下了种子，种子却没有开花，那么指责花是毫无意义的。问题可能出在土地、肥料或浇水量上。谁知道呢？我们需要找出问题并解决问题。

同理，如果我们与家人、同事或朋友难以很好地相处，那么一味指责他们有何意义呢？我们需要找出原因，然后解决问题。

难以相处的人是谁？我吗？

是的，就是你！在想清楚如何与难以相处的人打交道之前，我们需要先审视一下自我。你是难以相处的人吗？你是不是那个不合群的人？你是那个有问题的人吗？做一做下面的练习，你觉得这些是难以相处的人常说的话吗？答案可能是否定的。这个练习可以帮你对自己进行评估，让你想清楚自己是不是那个有问题的人。

> **练 习**
>
> 制作一个统计表，记录一下你在一周的时间里说这些话的次数：
> - 我承认我犯了一个错误。
> - 你做得很棒。
> - 你的意见是什么？
> - 你介意吗？
> - 谢谢你。
>
> 思考一下这些话在你与他人的交往中起到了什么作用。

> **小贴士**
>
> 真正难以相处的人大都是自私自利、只关注自己的。他们丝毫不会在乎别人的感受。对他们来说，自己才是最重要的。所以，不要因为这种人生气。与难以相处的人打交道的第一准则就是：别往心里去！

那么遇到难以相处的人时,该怎么做呢?

放轻松!我们应该在碰到难以相处的人之前就做好准备。具体应对过程详见图1-1。

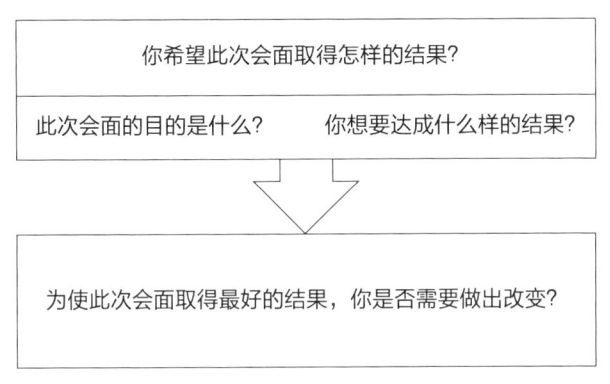

```
┌─────────────────────────────────────┐
│    你希望此次会面取得怎样的结果?    │
├──────────────────┬──────────────────┤
│ 此次会面的目的是什么? │ 你想要达成什么样的结果? │
└──────────────────┴──────────────────┘
              ▽
┌─────────────────────────────────────┐
│ 为使此次会面取得最好的结果,你是否需要做出改变? │
└─────────────────────────────────────┘
```

图1-1 与难以相处的人见面需做的准备工作

这样做并不意味着你必须让粗鲁无礼的人占尽上风,但确实意味着你不会赤手空拳上阵。

> **练 习**
>
> 下次有人对你无礼时,试试这样说:"我不太清楚你这么说是什么意思,能请你给我解释一下吗?"这么说通常会让他们冷静下来。为达到这一目的,不要忘记说"请"!

还有个坏消息要告诉你:好相处的人也并不是都和你一样!是的,是的,我知道如果每个人都像你一样,那么世界会变得更简单，可惜事与愿违。人们的身份背景不同，受教育程度不同，对事物的看法不同，树立的目标也不同。但即使他们做事的动机和想法不尽相同，也不妨碍他们成为很好相处的人。

好好想想吧！残酷的事实是：他们根本不在乎你。这可能会让你感到震惊，但其实世上真正关心你、在乎你的人并不多，其中可能有一直爱你的母亲及其他家人，还有伴侣和几个朋友。即使如此，当困难来临时，你也只能靠自己。

我们之间的相处方式在很大程度上取决于我们对彼此的感觉。大多数人一开始的态度是中立的，也有些人是完全对立的，但现实情况是绝大多数人根本不在乎你。

情况还会更糟糕！难以相处的人根本不在乎你，他们只关心自己，以自我为中心。这就是他们为什么难以相处。

对此你能做些什么呢？虽然听起来很残酷，但答案就是你无计可施！

你很难改变他们，为什么要自寻烦恼呢？有一种更简单的方法可以解决这一问题。

记住：难以相处的人的行事方式都是可以预料的，避免与之争吵。如果可以的话，一定不要和他们争辩，而要找一个中立的更高权威来帮助解决争端。比如找出规则手册、系统协议、服务指南或者公司政策等，这些材料都可以给出答案。切记不要进行人身攻击。

这个简单的方法可以让你的生活轻松许多。你是不是经常听到人们说，"哦，别理他，他是个讨厌鬼"或者"别问她，她看什么都不顺眼"。

你看，难以相处的人不止为难你。他们只顾自己，通常很难和任何人相处。

> **小贴士**
>
> 如果一个人的行为是可以被预料的，那他就比较容易对付了。在与难以相处的人打交道前，你应该做好准备，制订相应的相处计划，也可以谋划一番，和其他人一起对付他。难以相处的人只会墨守成规，按自己的方式行事，你只需试着操控一切。

这并不意味着你要一味退让，或者轻易就被打败，而是意味着你要多用理智做出决定，而非感情用事。诀窍是你要提前确定好此次会面的目的，制订相应的计划并付诸行动。表 1-1 列出了一些你需要考虑的方法。

表 1-1　应对难以相处的人的方法

困难	解决方法	例子
如果对方吹毛求疵,你该怎么办?	给他提供所有的细节	我在报告中总结了我能想到的所有背景信息,包括适用四种不同场景的电子表格。如果你还需要什么其他信息,请告诉我。
如果对方讲话唐突生硬,你该怎么办?	开门见山,避免废话,直接切入问题的核心	我知道你很忙,所以我直截了当一些。你对下一阶段的发展有什么想法?
如果对方是自恋狂,你该怎么办?	告诉他,他是多么优秀	简,我知道你是这方面的专家。我把材料整理了一下,并提出了一些建议。但是如果你认为你可以做得更好的话,我就把材料留给你,你来给出一些替代性的方案。

该策略简单易行。难以相处的人不会因为自己难以相处而做出改变。他们不在乎你,他们只在乎自己。确定此次会面的目的,并做好准备操控全局、适当调整、做出让步、寻求改变,随便你怎么描述。这样你最终会取得胜利,得到你想要的结果。

就这么简单!最后你甚至会希望所有的人都难以相处,因为难以相处的人最容易掌控。

要点总结

- 许多事都可以帮助你懂得如何与难以相处的人打交道,第一件事便是认清这样一个事实:我们都是不同的——但这可能是件好事!归根结底,人们都是为了自己,而不是为了你。
- 别忘了考虑一下你自己是不是很难相处,在这一点上要诚实地审视自己。
- 花点时间为与难以相处的人会面做准备。
- 一旦确定好了与难以相处的人会面的目的,你就可以根据它调整方法并操控一切。

第二章
七种典型的难以相处的人

如何在喝杯咖啡的时间里就让人认定你是个专家？

忙得没时间阅读全书吗？没关系，休息一下，读一读下面这几页就好，如此你便可以成为专家！

如何辨识难以相处的人

有七种基本的人格类型被认定为难以相处的类型。我在本书其他章节谈到了更多类型的人格，但它们都是这七种类型的衍生品。

以下指南可以帮你快速成为识人专家，其中包含了一些权威思想家的专业意见，供你借鉴。

类型1 敌对、侵略、好战的攻击型人格

如何辨识他们

攻击型人格通常是霸凌者和控制狂的形象，往往会令人惊恐

不安，陷入极度的恐惧。我们来看看这一人格类型中的三种主要性格类型：

- 谢尔曼坦克型人格；
- 狙击手型人格；
- 爆破手型人格。

专家意见

- 谢尔曼坦克型人格

他们会公开指责他人，甚至对他人进行辱骂、干扰、恐吓，极具压迫感，还会针对个人表现和性格特征进行攻击，不断地批判。谢尔曼坦克型人格通常可以实现短期目标，但代价是失去友谊，无法维系一段长期的关系。

- 狙击手型人格

狙击手型人格更喜欢背地里耍阴招。他们表面显得十分友好，但背地里却会冷嘲热讽、含沙射影、讽刺挖苦。狙击手型人格会利用社会约束为自己创造一个受保护的空间，在那里对让自己愤怒或嫉妒的对象进行攻击。他们假装开玩笑或者打着友谊的幌子，对他人进行言语攻击。因此会出现这样一种现象，那就是你对狙击手型人格进行的任何回击都会被别人视为一种挑衅行为，好像你是在主动攻击而不是被迫防守。这种性格的人认为，贬低别人就会抬高自己，这点与谢尔曼坦克型人格非常类似。他们往往会对别人指手画脚，但他们不断发表的刻薄言论通常会削弱同伴的积极性，却不产生任何积极效果。

- 爆破手型人格

爆破手型人格在氛围非常友好的对话和讨论中也可能会突然发作。通常只要感到身心受到威胁，他们就会发脾气。在大多数情况下，爆破手型人格对威胁性言论的反应首先是愤怒，然后就开始指责或怀疑他人。

类型2　抱怨不断、牢骚满腹的脾气乖戾型人格

如何辨识他们

抱怨者对一切都抱怨连连，却从来不采取任何行动做出改变，似乎就是单纯喜欢抱怨。他们既没有合理的诉求也没有解决问题的意愿，只是在鸡蛋里挑骨头罢了。有时他们确实是在真正地抱怨，但几乎不会去找解决问题的方法。

专家意见

不断抱怨会使周围的人产生抵触情绪。爱抱怨的人认为自己无能为力、循规蹈矩、完美无缺。正是因为这种想法，他们才会满腹牢骚却不去寻找治题良策。他们的无力感使他们认为自己无法改变什么，所以向有能力解决的人抱怨是更好的选择。而循规蹈矩的态度让他们在事物的发展方向上固执己见，任何偏离他们

认知的行为都会招致他们的抱怨。对于爱抱怨的人而言，抱怨是一种方式，可以证明他们无法掌控，因此他们既无须为事情出错负责，也能借此强调自己的完美无缺。

> **小贴士**
>
> 针对事物应该是怎样的这一问题，爱抱怨的人往往会固执己见。鉴于这一点，你能对其加以利用使得事物沿着正确的方向发展吗？重要的是你要接受这样一种观点，即不能仅凭某人性格上的某些特征，就认为此人一无是处。

类型3 沉默寡言、反应迟钝的木讷型人格

如何辨识他们

当出现任何不愉快的情况时，沉默寡言、反应迟钝的人都只会一声不吭。在你询问他们的看法或意见时，他们只会咕哝一声！

专家意见

为避免遭到谴责，木讷的人把沉默当作盾牌，避免暴露真正的自己。另外，沉默是一种攻击手段，因为不予理会也是伤害别人的一种方式。在某些情况下，反应迟钝的人可能无法信任他人，这也是他们保持沉默的原因。有时，他们通过沉默来逃避现

实。交谈会使他们暴露出自己的想法或担忧，这对他们而言是十分恐怖的事情。沉默可以用来掩饰恐惧和愠怒，也可以用来恶意地拒绝合作。这类人很难相处，因为他们设置了沟通的障碍。在大多数情况下，他们不愿公开发表意见，并且由于对自己和生活缺乏信心，当轮到他们发言时，可能会出现长时间的沉默。这可能会导致沟通的中断，从而使互动无效化。有这种行为的人经常使用一些肢体语言，比如凝视、瞪眼、皱眉，或以不舒服的姿势交叉着双臂。

> **小贴士**
>
> 与难以相处的人打交道无外乎就是这样——与之沟通并利用他们的天赋。有效的管理方式能使每个人都发挥出最佳水平。

类型4　超级随和型人格

如何辨识他们

超级随和的人表面上总是通情达理而又坦荡真诚的，愿意给他人以支持。但他们并不总是能兑现承诺。他们喜欢被关注的感觉，想和每个人交朋友。然而，他们也有不为人知的一面。对于出现的问题，他们会用欺骗性的暗示或参考意见来误导你，并欣然赞同你对目前任务的计划，最终却使你因无法完成任务而备受打击。

专家意见

每个人都需要被别人接受和喜欢。找到一个平衡点将我们的需要整合在一起，既要做好工作，又要找到一个合适的位置，以合理的尺度寻求被爱。对于超级随和的人来说，他们已经不堪重负，亟须得到每个人的喜爱。他们获得认可的方法是投其所好，并用幽默让谈话变得轻松。这类难以相处的人会让你感觉他们同意你的计划，但结果却让你感到失望。他们给予友谊、接受友谊的强烈需求会与现实的消极面产生冲突。他们不能忍受直接失去友谊或放弃他人对自己的认可，因此会做出超出自己能力范围的承诺。

> **小贴士**
>
> 无论是维护关系还是建立联盟，如果没有超级随和的人存在，工作就无法正常进行。一个好的管理者能分辨出哪些员工是有心但无力的。但在这些人看来，对他们工作的一丁点否定就是拒绝和他们交好，就是在冷落他们。我们需要深思熟虑以求在这两者之间取得平衡。感情很容易受损，无情的现实往往会使友谊坠入冰点。

类型5　消极型人格

如何辨识他们

消极的人会腐蚀掉整个团队，使团队中的每个个体都变得垂头丧气。但在消极的表象之下，他们能够保持坚定的个人信仰。对于直接参与管理的任务，他们也能够顺利完成。每个人都能做出自己的贡献，没有不好的员工，只有不会管理的经理。这种想法你能接受吗？

专家意见

对消极主义者最恰当的描述是，他们不仅反对团队的集体意见，而且是第一个对团队的进步提出批评的人。虽然有时他们的批评具有一定的建设性，但这并不利于工作的开展，也会对工作环境中的人际关系产生负面影响。另一种常见的消极主义者是怀疑论者。无论人们现在讨论的话题是什么，怀疑论者都喜欢对其进行攻击。随着时间的推移，人们逐渐意识到他们身上的消极性，也就不爱与他们打交道了。对被认为是消极主义者的人来说，他们的性格使他们很难处理自己内心深处的矛盾。这要归咎于这样一种感觉，那就是他们认为自己对生活束手无策。消极主义者难以克服人类基本的沮丧感。他们对人性和自身的缺陷失望透顶，而且认为每个人都会对此感同身受。虽然这些人觉得生活苦涩无比、自己的境遇糟糕透顶，但无论交给他们什么任务，他们完成任务的信念都不会动摇。然而，如果他们没有项目的直接管理权，这一点就会失效，因为他们认为没有人能像他们一样处理问题、完成任务。

类型6　万事通型人格

如何辨识他们

万事通枯燥乏味，无聊透顶，非常古板！但他们迫切需要人们承认他们聪明无比。他们的性格特点各不相同，其中一些人甚至喜欢欺凌别人。他们坚信自己是对的，认为这是毋庸置疑的。他们非常具有说服力，喜欢用与孩子交流的方式和别人交谈，这非常烦人！另一种万事通一般是谈话的主导者，喜欢成为众人关注的焦点。问题是，只要阅读过某个话题的新闻剪报，他们就会大言不惭地说自己是这方面的专家，有些人甚至不惜编造一些事实来弥补自己信息的缺乏或知识的不足。

专家意见

万事通可能会看轻自己，他们虽然想为团队做贡献，却认为自己无法提出好的建议。花时间听万事通没完没了的演讲可能会导致任务无法如期完成，他们的问题源于他们需要得到别人的尊重和重视。通常情况下，与他们共事常常让人感到沮丧，因为这意味着工作关系将会变得紧张。

> **小贴士**
>
> 万事通适合做什么工作？如果他们喜欢知识带来的力量感，那么答案就是让他们成为专家，去给别人上课。

类型 7　优柔寡断、犹豫不决的踌躇不前型人格

如何辨识他们

在内心世界里，优柔寡断者其实是试图摆脱牢笼的完美主义者，他们只是无法控制住自己的完美欲。根据布拉姆森的说法，这种性格的人可以分为两种类型：第一类人要么只能按自己的方式做事，要么会直接放弃；第二类人有时会通过故意提出不同的观点来拖延讨论，让每一个参与的人都感到无比沮丧。

专家意见

优柔寡断的人通常不善于向周围的人传达自己的想法、需求和意见。这些人之所以会故意拖延工作，是因为他们无法应对或高或低不同水平的压力。为了应对压力，他们会拖延工作，而这会让同事和周围的人都无法前进。他们拖延着，无法另辟蹊径去完成工作。因此，优柔寡断的人会失去对项目或个人的热情，不再全身心投入，最终拖垮团队。尽管优柔寡断的人会避免让自己成为决策者，但他们仍会因各种紧张状况而感受到压力。这并不意味着他们不会通过间接沟通的方式来传达决定或表达感受。事实上，他们精

通肢体语言并擅长小声嘀咕,甚至眼神交流。如果优柔寡断的人选择与他人进行口头交流,那么他们一定会使用短语或简短的句子。很多时候,同事已经因为无法与他们沟通而感到沮丧了,所以会直接忽视这些信息,或对其置之不理。优柔寡断的人也很敏感,他们会担心与之沟通的群体或个人如何看待他们传达的信息,因而选择隐瞒信息。如果信息不重要,他们就会觉得自己的意见无关紧要,认为其他人自会处理他们所担心的问题或冲突。

练 习

回想一下你与难以相处的人打交道的场景。在下列选项中,勾选出你遇到过的类型,并对相处难度进行评级,1代表你认为最不难相处。这个测试会告诉你哪种人是需要你更小心才能应付的。

类型	是否与之打过交道?	有多难?
敌对、侵略、好战的攻击型人格		
抱怨不断、牢骚满腹的脾气乖戾型人格		
沉默寡言、反应迟钝的木讷型人格		
超级随和型人格		
消极型人格		
万事通型人格		
优柔寡断、犹豫不决的踌躇不前型人格		

首先，做出判断

他们属于哪一类难以相处的人？布拉德·麦克雷在其著作《谈判和感化技能：创造和声称价值的艺术》中提到了如何对他人进行准确判断，并把这一过程分为四步。

- 第一步，认真观察。如果你在三种不同的情况下都看见某人做出这样的行为，你就要多加注意了。因为前两次可能是偶发行为，但第三次出现就代表这是他固有的行为模式。
- 第二步，观察这个人是否处在高压环境中。压力可能会引发反常行为，但它只是一个偶发性因素。
- 第三步，审视自己是否身处极大的压力下。自身的压力可能会导致你眼中的世界与实际情况相反。
- 第四步，与他进行一场成人之间的正式谈话。有时对方的行为给你带来了困扰，但他既可能是有意为之也可能是无心之过。坦诚相告可以化解小误会。

麦克雷称："在与难以相处的人打交道时，人们会陷入困境。这是因为人们会被自己的情绪所左右。通常，我们越想摆脱这种困境，我们就越无法自拔，直到情绪崩溃。"

为什么我们会被难以相处的人困住？让我们回看麦克雷的

理论：每个人都有一套自己的价值观或信仰，那是人们的行为指南，更是交往指南。每个人的价值观都是独一无二的。

以下是麦克雷提出的 15 条最常见的核心价值观：

- 每个人都必须爱我或接受我。
- 我在所有方面都必须尽善尽美。
- 我的同事或朋友必须无可挑剔。
- 对于发生在我身上的事情，我能做的并不多。
- 逃避困难和责任比直面它们更容易。
- 不惜一切代价避免产生异议、发生冲突。
- 包括我在内的所有人都不会改变。
- 有的人永远是好人，而有的人永远是坏人。
- 世界应该是完美的，否则恐怖的灾难将会发生。
- 人类太过脆弱，所以不能把真相和盘托出。
- 其他人存在的意义是逗我开心，我的快乐完全取决于他们。
- 所有危机都具有破坏性，有百害而无一利。
- 一定有完美的工作、完美的解决方案、完美的合作伙伴等，我需要做的就是寻找他们。
- 我不应该犯任何错误，犯错就代表我无能。
- 有且仅有一种对待所有处境的方式，那就是真诚。

> **练习**
>
> 阅读麦克雷的核心价值观列表,选择与你最相符的核心价值观。现在试想一下当你必须直面困难的时候,为何你会认为处境十分艰难?以上内容是否有助于你找到原因?理解上述内容有助于你更好地控制自己的情绪。

> **小贴士**
>
> 根据麦克雷的说法,如果我们掌握了第一步——自我控制,那么我们就能更好地掌控他人和自己的处境。

罗伯特·布拉姆森在其著作《对付难以相处的人》中,针对我们将遇到的七种难以相处的人提出了一些建议。表2–1是他给出的应对指南。

表2–1 七种难以相处的人及其应对之道

类型	应对之道
攻击型人格	不友好的谢尔曼坦克型人格: - 给他们一点时间冷静下来。 - 不要在乎礼仪,要使出你的浑身解数。 - 直呼其名或者保持从容不迫的站姿或坐姿,通过这种方式引起他们的注意。 - 想办法让他们坐下是一个好主意。 - 保持眼神交流,不卑不亢地陈述自己的观点。 - 如果他们正在发言,不要当场提出异议或打断他们。 - 时刻保持友善。

（续表）

类型	应对之道
	充满敌意的狙击手型人格： - 把他们揪出来，不要让社交习俗成为绊脚石。 - 提供替代方案，避免与他们直接争论。 - 不要专注于他们的观点，确保让大家都参与其中。 - 快速解决出现的任何问题。 - 定期召开会议解决问题，以防止他们背后插刀。 - 如果你看见别人与他们发生争吵，一定要明哲保身，不要让自己牵扯进去。 怀有敌意的爆破手型人格： - 给他们一点时间冷静下来。 - 如果他们无法冷静下来，可以用"停"这种中性词语来打断他们。 - 让他们知道你很重视他们。 - 如果可能的话，和他们一起到旁边找个私人空间休息一下。
抱怨型人格	- 即便产生负罪感或感到不耐烦，也要认真倾听他们的抱怨。 - 分析他们的发言并确认自己对此的感受，通过这种方式来明确他们想表达的含义。 - 不要附和他们的指责，也不要因为他们的指责而道歉，即使在当时那种情况下，你也不能把他们的指责当真。 - 避免"指责—辩护—指责"这种回合式争论。 - 只陈述事实，不进行评论。 - 提出具体的信息类问题，分配有限的实情调查任务，或要求书面投诉，从而寻找解决问题的模式。 - 如果已经无计可施了，就直接问抱怨的人："你想怎样来结束本次讨论？"

（续表）

类型	应对之道
沉默寡言的木讷型人格	<ul><li>与其试图理解他们的沉默背后的含义，不如让他们敞开心扉。</li><li>提出开放性问题。</li><li>在等待回应时尽可能保持冷静。</li><li>提出咨询性问题来推动他们参与。</li><li>不要在他们沉默时喋喋不休。</li><li>留出足够的时间，这样在对方沉默的时候才能保持冷静。</li><li>就发言时长达成一致意见或者清楚地告知他们。</li><li>如果没有得到回应，你可以评论一下现在的情况，最后以一个开放性的问题结尾。</li><li>再说一遍，要尽可能地等待久一些，再发表评论，然后耐心等待。如果他们说"我现在可以走了吗""我不知道"，你要实事求是地做出回应，并通过这种方式掌控对话。</li><li>当他们开始发言时，你要注意并控制自己想要滔滔不绝发言的冲动，倾听他们的评论。他们有时可能会离题，但也可能把你引向一些相关的重要问题。如果没有的话，你就要自己切回到最初的话题。</li><li>如果他们一直保持沉默，为避免会议在尴尬的气氛中结束，你可以终止会议，重新定一个时间再开一次会。你要告诉他们你的打算——因为大家还没有展开讨论，所以需要再开一次会。</li></ul>
超级随和型人格	<ul><li>有些事实和问题使得超级随和的人无法采取行动，你必须努力查清这些事实和问题。</li><li>你可以直接回答他们与你的家庭情况、兴趣爱好、衣着服饰等相关的问题，也可以询问或与之谈论他们自身的情况。这会让他们感觉你十分重视他们。你这样做时必须真诚，哪怕有一点点真诚也好。</li></ul>

（续表）

类型	应对之道
	- 如果有事情对你们之间的良好关系造成干扰，请他们直言不讳。 - 如果你自身或者你的产品、服务有不尽如人意的地方，请他们在这些方面发表意见。 - 如果公开的冲突一触即发，准备好做出让步并进行协商。 - 认真听听他们开的玩笑，嬉笑怒骂或许皆是文章。
消极型人格	- 任何人，无论是你自己还是你所在小组的其他人，都有可能被拖入失望的深渊，要对此保持警惕。 - 要对过去解决类似问题时取得的成功进行乐观但实际的陈述。 - 不要试图说服他们从悲观情绪中走出来。 - 要对问题进行彻底讨论并充分了解当前情况，在此之前，不要提供自己的解决方案。 - 要认真考量备选方案，对实施该方案可能产生的负面影响快速提出自己的意见。 - 最终，要做好单打独斗的准备，斩钉截铁地宣布自己的计划。 - 注意，如果要求分析能力强的人在做好准备前就付诸行动，可能会引起他们的消极反应。
万事通型人格	- 确保前期准备全面且充分，仔细审阅所有相关材料并保证准确无误。 - 仔细倾听建议，并复述其要点，避免过度诠释。 - 避免教条式发言。 - 以试探的方式提出不同意见，但不要含糊其词；用提问的形式提出问题。 - 提出延伸性问题来帮助重新审查计划。 - 为了避免万事通的指责且能在未来平等相处，你的底牌就是把自己置于从属地位。

（续表）

类型	应对之道
	当万事通不具有威胁性或没有恃强凌弱时： - 陈述事实或提出建议时要尽可能详细，就像阐述自己对现实的看法一样。 - 给他们提供一个挽回面子的方法。 - 做好准备，如果谈话出现中断，你就自己发言填补空白。 - 可能的话，在他们独处时与他们进行交流。
优柔寡断的踌躇不前型人格	- 让优柔寡断的人可以轻松地告诉你，有哪些冲突或不满阻碍了他们做出决定。 - 注意听间接的话语、犹豫和省略，它们也许能为深入挖掘问题提供线索。 - 在查清问题后，要帮助他们进行决策来解决问题。 - 有时，他们会对你有保留意见。如果是这种情况，你就要承认过去的问题，并积极陈述相关数据，提出计划并寻求帮助。 - 如果事不关己，你就可以集中精力帮助优柔寡断的人审视事实，根据事实将备选方案按优先级进行排列。如果拒绝某人是不得不做的事情，那么他们就更容易做出决定。 - 如果付诸实践的话，要强调你的提案中有关质量和服务的方面。 - 做出决定后，要给他们提供支持。 - 如果可能的话，要把实际操作过程掌握在自己手中。 - 注意有无迹象表明有人突然发怒或退出谈话。如果你在决策环节注意到了这些迹象，一定要把它们排除在决策环节之外。

要点总结

- 你将来一定会与以下七种难以相处的人打交道：（1）攻击性强的人；（2）爱抱怨的人；（3）沉默寡言的人；（4）超级随和的人；（5）消极主义者；（6）万事通；（7）优柔寡断的人。
- 你可能发现与其中一些人打交道是难上加难的。你如果能分辨出他们属于哪种类型，就可以对症下药。
- 难以相处的人有很多种，但每一种都有特定的应对之策，这些对策可以使相处变得容易。因此，准确判断出他们属于哪种类型是至关重要的。

| 第三章 |

与难以相处的老板打交道

> 大脑真是一个神奇的器官,它从你早上起床的那一刻就开始工作,直到你进入办公室为止。
>
> ——罗伯特·弗罗斯特

人们得到提拔,成为老板的原因各种各样。有些人得到提拔是因为他们真的很擅长自己的工作,在管理员工、处理问题方面得心应手、游刃有余,能够掌控更大的局面,轻松地进行沟通交流。这种老板只应"天上"有。但不幸的是,许多老板来自"地狱"!很多情况会导致这种不幸的发生,我们来设想一下:

- 在技术型公司里,技术高超的人被提拔为老板。但是,当涉及与人沟通的问题时,这些老板可能并不擅长,因为他们没有人际交往的技能,从而无法管理团队。
- 在家族企业中,另一个家族成员可能会接替这一职位,这是理所当然的事情。

- 公司任命某人为老板可能只是公司发展的一部分，而不是因为他已经达到了所需的能力水平。
- 在一些不太吸引人的行业和公共服务机构中，老板离开了自己所在的领域就找不到工作的现象比比皆是。
- 在销售行业中，成功的销售人员会放弃他们擅长的领域，不再做销售，而是成为老板，但他们往往会把细节搞得一团糟，而做好细节工作恰恰是一个好老板需要的素质。
- 公司如果存在问题，可能会让会计做老板。
- 即便公司蒸蒸日上，老板也不见得就具备作为一个老板应有的经验。

有没有地方能找到一个好老板？当然有。但值得指出的是，人们成为老板并不总是因为他们擅长做老板。擅长某项技能、技术水平高超、工作年限长，往往都是成为老板的通行证。对一些老板来说，工作成就了他们；而另一些老板则是员工眼中"行走的噩梦"。

每个不合格的老板内心都有一个声音在提醒他是多么不合格。那么，他们是怎么做的呢？他们自我安慰，自欺欺人，自己定义老板的样子，通过这些方式来克服不安。如果没有人对他们进行过人事管理、职场技能或人力资源管理等方面的培训，他们怎么会知道老板应该是什么样的呢？所以他们自创标准，变得傲慢无礼、充满敌意，喜欢大喊大叫、操纵别人。他们难以被取悦，自私自利且缺乏安全感。但同时他们却是十分好对付的。

首先，他们是老板，可以随时解雇你。因此，你如果想要在月底拿到工资的话，就圆滑地处理问题，让他们觉得一切尽在他们的掌握之中——即使实际上是你在掌控一切！

愤怒的老板

如果你发现自己的老板非常易怒，怎么办？很简单，随他们去呗！如果他们要发脾气怎么办？老板的脾气很少会持续几分钟以上，所以就让他们发泄、爆发、爆炸吧。只要你不和他吵，你就是安全的。即使你百分之百正确，公司政策、法律法规、欧洲人权法院甚至连天上所有的天使都站在你这边，你也不要和他吵。

> **小贴士**
>
> 诀窍就是在老板消气之前离他越远越好。你可以说："很抱歉，这件事让您这么生气，但我们需要理性地处理。我现在离开一会儿，等我们都考虑清楚之后，我会回来再谈。"

然后不管他说什么，你离开就好。他有可能会感到后悔、抱歉甚至十分愤怒，或者希望你留下来，但不管如何，你都要离开。如果有必要，你可以说："不，我想暂时离开一下，也许一个小时后回来，那时我们再谈。"

不要与老板争吵。也许你会幻想自己可以说："你这么粗鲁，怎么能指望别人和你一起工作？你只会发疯！"这么说的确很过瘾。但是如果这样做，你就需要考虑另一个问题了——下周去哪里工作？所以你一定要保持冷静，根据自身情况处理问题。

> **小贴士**
>
> 最重要的一点是使用"我们"一词。这显得你与事件息息相关，说明你会分担责任，而不是推卸责任，怪罪于他人。而且使用"我们"这个词不会激化矛盾。

永远不要让老板看到你的狼狈相

浑蛋老板都以看到员工出洋相为乐，所以不要给他们这种机会。无论发生什么事，你都要做到以下几点：

- 保持冷静。
- 不大声回应。
- 不要争吵。不要对他们的工作指手画脚，如果你告诉他们工作该怎么做，也许你会满足60秒钟的时间，但你一定会后悔很久！

- 而且，绝对、绝对、绝对不要因一时冲动而赌气离开。

练 习

我以20∶1跟你打赌这个办法一定行得通……

我知道你读完后会抱怨这是什么破办法，但它真的很管用。相信我，这不是魔法，并不新颖，也不是最新的心理分析理论。但它是以有效的压力和愤怒管理原则为基础的。

方法就是：离开现场，不要争吵，或不要做诸如此类的事情，然后找个地方，自己从20倒数到1。

深呼吸，集中精力，开始倒数：20、19、18、17、16、15、14、13、12、11、10、9、8、7、6、5、4、3、2、1。

由于某些因素，正向计数不起作用，但倒向计数却有作用，它可以让你镇静下来。你见过催眠师工作吗？他们总是使用倒向计数的方法让被催眠者放松。

其实，确实有一些很好的心理学原理可以证明这个方法有效，但目前还不到说的时候，这里也不是解释的地方！如果你想用右勾拳把一个人击倒在地，让他失去知觉，那么从20倒数到1的话，昏倒的就不是你的老板了。

如果这些方法都失败了，下一步该怎么办？

好吧，你要确保已经尽力而为了：

- 按时交付了任务。
- 当无法按时交付任务时，你要有充分的理由，并提前表明最后的提交期限不可行。
- 在公共场合支持你的老板，从不辱骂他，也从未让他难堪或者看起来像个傻瓜，即使他就是傻瓜。
- 你和老板一起找出了令他头疼的问题，在工作中时时刻刻围绕这个问题以寻求解决之道。
- 从来没有让老板抓住过你的过错。

然后呢？

你可以寻求调解。

- 可以向人力资源部门寻求帮助。
- 也可以求助于更资深的员工。

小贴士

你可以这样和老板说："您看，我知道我们在这份工作中

> 都承受着很大的压力，也能理解在这种情况下您有时无法注意到日常的琐碎小事。但您不要认为我应该容忍您的这种行为（描述一个特定的问题或事件，这样你说的话就有据可依了），这是不合理的。我们必须找到更好的合作方式。"

最后，怎么办？

生命只有一次，没有彩排（用一句老话说，就是生命不会重来）。离开吧，走吧！放弃吧，去过自己的生活！如果你擅长自己的工作，那你就离开，再找一份新的工作。根据你的条件，掌控你的时间，按照你的节奏去做。不要赌气摔门而去，也不要对其恐吓威胁，只需安安静静地离开就好。如果需要劳资关系法庭的帮助，那你就去当地的公民咨询局了解一下情况。静静地离开，不要告诉别人你正在找新工作，因为没有不透风的墙。人生苦短，不要自寻烦恼。

练 习

> 以上我们谈到了难以相处的老板，你和这样的老板打过交道吗？阅读本章后，你与他们相处的方式会有所不同吗？

要点总结

- 难以相处的人身居高位并不是什么罕见之事,但他们是老板,并不意味着他们擅长做老板。
- 永远不要与老板发生冲突。你可以离开以平息局面,或向其他人寻求合理的帮助。但切记不要被老板拖入冲突,最终赢的肯定是他们,因为他们决定一切!

| 第四章 |

与难以相处的同事打交道

> 有一件最可悲的事，那就是唯一一件需要我们每天做满8小时的事情竟然是工作，而且日复一日无法摆脱。一天中你不能吃8小时饭，不能喝8小时水……
>
> ——威廉·福克纳

开放式办公室、团队合作、小组目标、企业奖金、交接责任的轮班工作、基于交互性能的生产线制造等，现代商业的趋势就是让人们全身心投入，更加紧密地合作，就连精神上也是如此。

小贴士

与人合作的意思大家都懂，但有时这也意味着你要与难以相处的人一起工作。

我们很少能独自待在办公室里，关上门安静几分钟，这是非常奢侈的事情。大多数人的工作场所拥挤、忙碌，熙熙攘攘，嘈杂不堪。食堂也是一样，更衣室可能更糟，最安静的地方可能就是厕所了！

> **小贴士**
>
> 　　良好的工作关系对公司绩效至关重要，优秀的管理者和老板都明白这一点。真正优秀的人不怕解决问题，他们敢于直面问题。

疯狂竞争

　　管理者经常会误解公司内部的竞争。"友好竞争"这一管理词汇也许是矛盾修辞法一个最好的例子，它是一个完全自我矛盾的术语。世上根本没有"友好竞争"这回事，它根本不会激励员工好好表现，反而会激发阴谋、算计、暗箭伤人等行为，使员工将注意力集中在得分的过程上而不是获胜的结果上。

　　其实通过团队合作，共同击败外部的竞争对手并夺回客户才是上策。

　　你可以选择朋友，选择你想住的社区，选择在哪儿消费，选择你的伴侣，也可以选择你的工作。但你却不能选择你的家人和同事，而这两种人是最可能给你带来麻烦的人。

　　明白了吗？你要正确看待与同事的关系。一旦你接受了这一点，其他事情就迎刃而解了。他们时不时就会给你出难题，如果并非如此，那真是个奇迹！如果他们从不找你麻烦，那你得坐下来好好想想你是多么幸运了。

练 习

销售人员！全宇宙中还有比销售人员更难以相处的人吗？你要打交道的人或者自尊心强，或者自尊心弱，或者傲慢自负、咄咄逼人，或者勇敢、自信，或者不屈不挠、坚韧不拔。这个群体就像一杯鸡尾酒，汇集了你能想到的所有人类情感。但是竟然有人走过来说："你需要激励销售团队。"

如何激励呢？这群人情感、心理状态各异，人生起起落落，家庭生活复杂多样，所经历的不幸、挑战和幸福都各不相同。这需要一个多么勇敢的人，才觉得可以使用魔法激励这样一个"销售团队"！

如果你接受这一挑战，那么你会如何利用高水平的竞争力来改善结果呢？

写下一些想法，然后翻到书的结尾，看看你做这个工作的效果会如何。

你是否与一些难以相处的人一起工作？有没有一些不同的方法会有所帮助？

竞争、敌对和人身攻击

进行人身攻击毫无益处。这会给人际关系留下污点,而且永远都无法抹去。如果人们心怀怨恨与不满,工作便无法顺利完成。

> **小贴士**
>
> 永远不要进行人身攻击,要将工作上的问题与个人分开,把个体与困难分开,把人格与问题分开。

最好不要说"由于你处理不当,我们陷入了混乱的境地",即使确实是同事的错误,你也不要这样说!如果你这样说的话,那么在接下来的三个小时里,他将为自己辩护,为自己的部门、妈妈、家庭甚至天堂里的上帝进行辩护。我们的目的是解决问题,所以要专注于问题本身。

经过思考你就会发现,"不要进行人身攻击"正是所谓的解决冲突的方法书中所提到的方法。

你要试着这样说:"我们需要解决这个问题,所以让我们一起讨论一下这个问题,看看下一步该怎么做。"

> **小贴士**
>
> 如果有人试图将话题拉回到讨论孰对孰错上，或者开始互相指责，那么你就要努力让谈话尽快回到正题："对于我们来说，如何造成这种局面已经不重要了，重要的是如何走出困境。我们来看一下下一步该怎么走吧。"

总是有保持沉默的人

你在参加会议时，遇见过只坐着，什么也不说的人吗？想知道为什么吗？我们来思考一下可能的原因：

- 他们害羞吗？
- 也许他们感到尴尬。
- 他们是不是觉得自己太优秀了，根本不屑与你讨论？
- 或许他们需要一些信心才能开始讲话。
- 或许他们觉得自己高人一等，不想参与讨论。
- 或许他们需要得到"许可"后才能加入讨论。
- 还有一种可能是，他们在密谋反对你！（当然，这种可能性很小，我把它加进来只是为了娱乐一下少数偏执狂！）

你已经知道了如何和那些脾气暴躁、吹毛求疵或热衷于吵架的同事相处，但你知道如何和沉默的人相处吗？

不管问题是什么，有一种方法可以刺激他们，让他们行动起来，或者把他们逼出来。

> **练 习**
>
> 下次和特别沉默的同事开会时，试试这种方法：
>
> 就整个主题中不太重要的部分征求他们的意见。简单的问题会让他们觉得容易回答，不回答的话会显得他们很无能。但不要止步于一个问题，随着会议的进行，向他们提出两三个类似的问题。
>
> 情况怎么样？是典型的结果吗？这使你对你的同事有了什么样的了解？
>
> - 害羞的人需要引导才能参与讨论。
> - 有人会认为自己"太优秀了，不适合某会议"，这类人不屑于回答简单的问题，但是会忍不住发表见解。
> - 要反对你的人会先回答问题，而后保持沉默。你要特别当心这种人！

> **要点总结**
>
> - 你不能选择同事，而且很可能一天中大部分时间你都要与他们在一起——接受这个事实，继续工作吧。

- 永远不要让竞争意识渗透到你和同事之间。相反,你们应该通力合作,去击败组织外部的竞争对手。
- 永远不要进行人身攻击,把工作问题和个人分开。

| 第五章 |

与难以相处的员工打交道

> 我应该是已经工作了足够长的时间,才发现自己不喜欢这份工作的。
>
> ——保罗·泰鲁

哇,你成功了!你成了某人的老板,太棒了!

当老板不是很有趣吗?嗯,应该是这样!但事实上,当老板并不容易。即使你是老板,也会有压力。压力情况如图5-1所示。

> **小贴士**
>
> 我所见过的所有员工关系问题的核心,都隐藏着一个由13个字母组成的单词,那就是"沟通"(communication)。知道数字13吗?对有些人来说,这是个不幸的数字,你呢?

用管理大师那些令人讨厌的行话来说,所有的老板都必须既向下管理,又向上管理。如果不必担心人际关系,生活会不会轻松得多？没有员工的企业，那是纯粹的快乐啊！（我们稍后会谈到客户。）

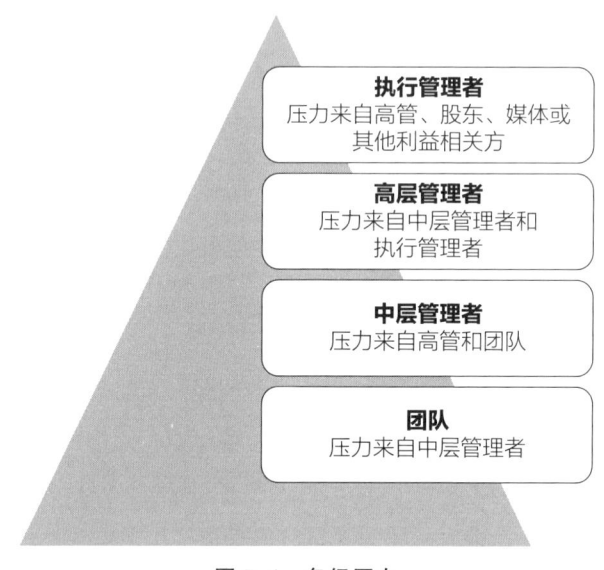

执行管理者
压力来自高管、股东、媒体或其他利益相关方

高层管理者
压力来自中层管理者和执行管理者

中层管理者
压力来自高管和团队

团队
压力来自中层管理者

图 5-1　各级压力

无论如何，你必须找到一个方案，尽可能地将组织的生产力最大化，调动员工的积极性，而不是使员工个个奴性十足，或者让自己成为一个问题老板。

> **小贴士**
>
> 沟通和理解是避免与难以相处的员工打交道的方法。告诉他们你想要什么，明确期望；告知他们你想如何完成某件事，明确目标和目的。

练 习

考虑一下员工提出的这些意见：

- 你不了解部门的压力。
- 没有人告诉我这个订单的截止日期，我以为下周才截止。
- 我不知道你想以不同的方式完成，我们一直是这样做的。

写下一些想法，思考如何避免出现这样的情况。

小贴士

- 没有人可以只坐在办公桌前就把一个企业经营得很成功。
- 如果你不花时间告诉别人你想要的是什么，你又怎么能指望他们会给你你想要的呢？

在英国，无论是男性还是女性，真正的世界一流商人寥寥无几。而最优秀的人都有一些共同点，他们热衷于为自己的事业四处奔走。以下例子供大家思考：

- 西夫老爷创建了世界上最好的零售集团玛莎百货（是的，我知道他们一直面临着问题，但他们已经将产品供应的支点转向食品,更加重视网上购物。他们经营灵活,能够生存下来),其成功的秘诀就是确保自己每周有两天的时间待在商店里或供应商那里。

- 理查德·布兰森爵士在声望最高的时候,既会在他们公司横渡大西洋的飞机上为客人送饮料,也会在他们公司的火车上坐在你的旁边。为人所知的是,他在他的唱片店服务过顾客。
- 英国手机零售商冯维尔豪斯的经营者罗科·福特也经常出现在他的店里。罗科·福特正在重建他的休闲帝国,每周都有几个晚上以化名在他的酒店进行客房预订。

小贴士

如果你一直做你一直在做的事情,你就会一直拥有你已经拥有的东西。

所有顶级商业人士都是这么做的。他们意识到他们必须了解业务,知道客户的真正需求是什么,明白员工如何开展工作。

不仅是在商业领域,在英国医疗服务体系中,为了理解病人的感受,一些医院也会让实习医生接触慢性病患者。他们花时间和患者在一起,尝试理解生病和害怕的感觉。通过在急诊部陪护患者，他们意识到等待几个小时才能得到治疗是多么可怕的事情。他们甚至待在长期病患的家里，以便了解护理人员所面临的压力。

英国广播公司推出了一个精彩的系列节目，名为《回到基层》(*Back to the Floor*)。节目组织各公司的主要领导者花一周的时间在他们公司的"车间"工作。

他们最终都对自己的业务有了更深刻的了解，每个人都在业务中引入了改善措施，使他们和员工的工作更加轻松。

通过了解公司的真实情况，他们能够在理解现实目标的基础上与员工进行沟通。他们都明白了不能只是得到自己想要的，因此改变了做事的方式。

> **小贴士**
>
> 通过了解你的企业，你会发现难以相处的员工和客户也变少了。

独立还是固执

每个好老板都希望自己的员工能够解决问题、发挥主动性，并且擅长为具体问题找到有针对性的解决方案。鼓励独立行动是个好主意，但是（对不起，总有一个"但是"，不是吗？）当独立变成了任性妄为，员工脱离了正常的工作轨道时，老板就该采取行动了。

> **练 习**
>
> 当你觉得一名员工的行为过于独立时，你就要问问自己以下问题：
>
> - 是因为我没有自己的做事方式吗？
> - 我是不是嫉妒他找到了更好的方法，感觉自己的威信受到了影响？
> - 是因为我的要求太伟大——每个人都必须为团队服务，没有给他留出个人空间吗？
> - 是因为员工我行我素，损害了公司利益吗？
>
> 如果你对前三个问题中的任何一个问题的回答是肯定的，那么你就需要考虑谁才是那个难以相处的人了。

受到损害的到底是什么：你的自我主义还是业务流程？或许你得接受一些员工，他们就如保罗·安卡的歌《走自己的路》中所唱的那样，是按照自己的方式做事的。这种方式把流程搞乱了吗？使成本超出预期了吗？影响了公司的生产力吗？惹恼了其他员工吗？使人们处于危险境地了吗？还是说，这是一个你没有想到的好主意呢？

> **小贴士**
>
> 你要三思而后行。如果做，你就要有合理的解释，并坚持自己的立场。记住，规则手册和程序手册可能并非你最好的盟友，特别是在任性的员工真的找到了更好的方法时。

如果决定解决问题的话，请尽量不要破坏特立独行者的干劲。你可以说："我知道你习惯用自己的方式做事，但公司有充分的理由希望你用另一种方式做事。我带你了解一下吧。"

会面结束时，加上这样一句话："我们非常渴望从实际工作的人身上学习经验。如果你想出一个更好/更安全/更快/更可靠的方法的话，请一定告诉我，我们会看看它是如何与整体情况相适应的，并尝试实施这种方法。我们喜欢好主意。"

这样，你的员工回家时就可以放心了，因为他们知道自己的老板并不是一个难以相处的人！

当时针指向 12

有没有想过为什么员工会成为"看表族"呢？

- 也许他们家里出了问题。
- 也许他们要照顾生病的伴侣或年迈的亲属。

- 也许他们需要去托儿所或保育员那里接孩子。
- 也许他们得赶火车或公共汽车。
- 也许他们是赶着去上夜校或者进行秘密约会?

谁知道呢?你应该知道!不是吗?抛开约会不说,你难道不应该知道你的员工是否承受着外部压力吗?你能不能帮上忙?你能为他调整一下工作时间吗?你能做一个对员工家庭更友善的雇主吗?

也许还有其他原因。你要搞清楚他们是真的在工作,还是在假装工作,实际上却在浑水摸鱼?会不会是这份工作本身枯燥乏味,让人头脑发昏、太过痛苦?

你如何评价他们?他们有潜力吗?你想提拔、激励他们吗?你当然应该这样做。现代工作场所已将任务细化、去技能化,因此工作可能变成了一种苦差事。时常休息一下、换换任务、改变一下环境都有助于减轻工作的沉闷。你尽自己所能为员工着想了吗?

> **小贴士**
>
> 试试这样说:"我想让你改变一下日常工作,你能帮我试一下这个方法吗?"

如果不是工作或环境原因,那就是员工个人问题。我之前说过:"没有人可以只坐在办公桌前就把一个企业经营得很成功。"如果员工积极性不足、混吃等死、工作表现不佳的话,那么这在多大程度上是工作本身、工作环境或者工作方法的原因呢?

是时候下基层看看了。你应该亲自去做一做这项工作,看看是什么情况。我敢用现金打赌,不到三天,你就会找到一个解决方案,否则我就把书钱退给你!

好的老板不会打探别人的隐私,但其实可以试试

是动力不足、表现不佳还是缺乏兴趣?到底是什么原因?只有一个办法可以找到答案。你如果觉得不是工作环境的问题,那就问一下吧!

"我看得出这些天你在工作中没有什么收获,有什么需要我帮忙的吗?"

对方可能会回答:"不,没什么,我没事。"

"那就好。我想让你知道,如果有什么事,我的门随时为你敞开。如果你愿意的话,我们可以聊聊。"

你也许会得到一个答案或者一点儿线索,也许一无所获,也许稍后会找到办法,你要有耐心。但重要的是,你向员工发出了一个信号:如果你更快乐,我们也会更快乐。除此之外,没什么

可做的了。

挥手打招呼还是溺水求救

你是否曾对某个员工寄予厚望,结果却发现他根本无法达到你的期望?问问你自己这是为什么。

- 是不是招聘程序不规范,没有对他们的工作经历和背景做足够的调查?
- 工作是否进入了更有挑战的领域?
- 他们是否被个人问题所困扰?
- 他们有负债吗?
- 他们的孩子调皮捣蛋吗?

不管是什么原因,你是老板,与难以相处的人打交道和处理棘手的情况都是你的职责所在。加油吧!

如果是员工个人问题,你可以考虑下列问题:

- 需要组织一些培训吗?
- 是否因为工作太简单,没有挑战性,所以员工才表现不佳?

- 这个员工在面试时给人留下了虚假的印象吗？或者他们对自己的经历不诚实了吗？
- 面试官撒谎了吗？
- 你能重新组织面试流程吗？
- 你能暂时把一些工作转交给他人，让这个员工跟上进度吗？
- 你需要审查招聘流程吗？

接下来你要与这个员工谈谈，并且要重复最初的面试流程。

- 脱离书面文件。
- 重新审查他们的经验和资历。
- 看看他们能否更好地应对。

同意对他进行培训，或给他一个调整期和一个改进时间表，定期进行检查。如果没有真正改善，你就将他调到一个要求不那么高的职位上；要是别无他法，你就让他离职。

> **小贴士**
>
> 如果需要解雇员工的话，在采取行动之前，请与你的直属领导或人力资源部门的同事谈一谈。

这么做无疑非常困难，但从长远来看是更好的选择。

你要采取胡萝卜加大棒的策略。

工作中的奖励、红利、绩效奖金、现金鼓励都是现代职场的组成部分。对于一些员工来说，这些奖励政策非常有效。如果你说"跳"，只要奖金足够多，他们就会问："需要跳多高？"

有研究表明，人们工作不仅仅是为了钱，很多员工的工作动力也并非钱。

对于许多具有原则性概念的公共服务工作者来说，情况尤其如此。他们以服务精神为动力，非常重视培训机会和个人职业发展。

他们热衷于所谓的"为工作做得好而自豪"。如果没有达到目标，他们就会感到尴尬或羞愧。因此，工作满意度在激励员工方面起着重要作用。

> **小贴士**
>
> 你如果把一大笔佣金或奖金扔进办公室，不要认为每个人都会去抢。不同的人有不同的工作动机。

> **练 习**
>
> 对你的员工尝试使用这种方法，并使用下面的表格作为检查表。

你做了吗	是/否
你有坐下来和员工进行一对一的交谈吗？	
你解释总体目标了吗？	
你能确保员工都了解公司的总体目标以及他们的贡献情况吗？	
你解释预期绩效水平和个人目标了吗？	
你能确保员工都了解预期绩效水平和个人目标吗？	
你能确保你鼓励员工施展自己的本领了吗？（但请记住，员工太有野心和目标不切实际对公司没什么好处，这会让未能实现这些目标的员工失去工作积极性。）	
你同意定期举行会议来监控工作表现了吗？（可以基于双方的安排来修改目标，但在其他方面要遵守规则。）	

对员工采取这种方法后，要检查过程的有效性。

个人奖励并不总是有效的，有些人的动力来自他们能为别人做的事。

不要忘记将绩效与向慈善机构或其他公益事业捐赠联系起来。

用"大棒"逼一个人坚持实现他制定的目标，用"胡萝卜"奖励他做得好。

看看你是一个多么称职的老板

你的后背感觉还好吗？最近有没有被放冷箭？毫无戒心的老板会遇到这样的员工：他们当面一套背后一套，表面和和气气，私底下却很可怕。

第一个问题是：你活该吗？请诚实地回答自己：你是什么样的老板？如果你确定自己不是来自地狱的可怕老板（如果你不确定，请阅读本书的开头部分辨别一下吧），那你就得行动了。

> **小贴士**
>
> 你可以考虑向员工征求正式反馈，许多公司都会采取这种方法。你的直属领导或人力资源部门的同事应该能够告诉你是否有针对此类反馈的流程。

这不仅仅是个人问题。那些无缘无故地辱骂老板的员工会损害公司的声誉、打击其他员工的士气，尤其是新员工的士气。

感觉到肩胛之间的刺痛了吗？试试这么说：

> 你对我的看法取决于你自己。但是，我们不是来玩的。我有公司要经营，而且我会尽我所能经营好它。你如果对我有合理的批评或建议，就私下来找我谈谈，我的门向你敞

开。否则的话，请不要发表冒犯性的言论。

很难吗？是的，但这就是为什么你是老板。其他员工很快就会知道发生了什么，他们可能会感到庆幸，因为没有听信谣言。此外，如果你将这些事处理得很好，他们对你的评价也会上升。

极难相处的员工

本书并不是要教你有关劳动法和劳资法庭的知识，但你确实需要对此有所了解，至少要认识个懂行的人，否则公司为什么要付这么多钱给你！

劳动法是讲证据的。近年来，雇员和雇主之间的平衡发生了巨大的变化，这是件好事。没有人愿意在血汗工厂工作，也没有人愿意经营血汗工厂。法律是精细复杂的，这对粗心大意者来说是一个雷区。

为了让法律产生效力，关键是要做到：把一切都记下来，保持同步记录，留下证据。

黄金法则是尽快处理棘手的问题。

> **小贴士**
>
> 时间管理大师提出：把最不想做的工作当成首要工作去做。这一规则对那些要与难以相处的员工打交道的人来说大有益处。

不要空等，也不要让情况恶化。不管有多困难，不管你有多不情愿，也不管有多可怕，该处理就得处理。应用"说做就做"法则，放手做吧！

劳动法是专家研究的东西。如果你是一位新老板，或者不确定自己的立场，那么你需要了解一下公司的政策，与人力资源部的人谈谈，而不是羞于承认自己不了解情况。此时此地、此情此景不适合热情的业余爱好者。如果你是个体户，那么你可以去公民咨询局和当地就业中心进行咨询，或阅读诸如克罗纳的《公共传输信道劳动法手册》之类的书籍，这些都会为你指明正确的方向。你如果还有疑问，就咨询律师吧。

> **练习**
>
> 花点时间浏览一下英国咨询调解和仲裁局网站，了解劳动法的基本知识，顺便复习一下你在公司政策中学到的相关知识。把不理解或想要详细讨论的地方都记录下来，看看你的直属领导或人力资源部门的同事是否可以帮你解答。

要点总结

- 你既然是老板,就要与难以相处的人进行沟通,从而尽量减少他们带来问题的风险。你要清楚地告诉你的员工,你对他们的期望是什么,以及你期望他们如何实现这些目标。

- 了解员工所面临的现实问题,有助于你更好地与他们打交道,为他们提供适当的条件,以第一时间防止问题出现。你要对员工、业务和客户都有所了解。

- 灵活运用不同的做事方式,你的员工可能知道如何把事情做得更好。

- 通常,难以相处的人都有一些情有可原的情况,而你作为老板可以去帮助他们,尽你所能,尽力而为。这样工作中难以相处的人就会变得越来越少。

- 可以通过适当的激励政策,来改进难以相处的员工的工作表现,但并非所有人都适用同一种激励方式,你要挖掘对每个人来说重要的工作动机。

- 当难以相处的员工与公司产生严重分歧时,你需要随时致电专家,确定你的所作所为是否符合劳动法。

| 第六章 |

安抚利己主义者

人们了解宇宙，却从不了解自己，与自我的距离远超过与任何星辰的距离。

——G. K. 切斯特顿

成功人士要取得今天的成就，需要一点儿运气、很大的勇气、广博的知识，通常还需要付出大量的努力。

他们可能很自信，也可能很自负。他们会为自己的成就感到骄傲、乐观积极，当然也有可能成为极端利己主义者！

利己主义者、爱炫耀者、以自我为中心者、无所不知者，或者没有安全感的人、容易被奉承的人、寻求关注的人，这些人一点儿也不难对付，甚至很容易对付。

如果你的老板是一位极端利己主义者

这很容易处理，把功劳都给老板就好！好吧，但你不必一直如此。不过，你也不必每次都把功劳记在自己身上，对吧？如果你想找到与利己主义者的相处之道，那么奉承是最简单的方法。摆平极端利己主义老板的最好办法是什么？试试这么说：

> 我读了您发的关于重组西部分部的通知。您知道，我认为您是对的。以您所说的为基础，我想我们可以这样做……

小贴士

你永远无法改变老板，但你可以改变大家对你的看法。如果你在自己的工作中得心应手、大放异彩，很快每个人都会知道这些好主意来自哪里，所以不要担心自己的功劳被埋没。

这是屈服于权力、放弃自我或对老板做出让步吗？除非你在自己的工作上一无是处，否则当然不是。所有员工都会关注自己的老板，"欣赏"他的自私自利，不仅仅是你。

如果为你工作的是一位利己主义者

如果你想让一群人作为一个团队来工作，并形成一种紧密的动力，那么你最不希望看到的就是一个利己主义者为自己抢占先机。试试这么说：

埃莉诺，我知道你工作很努力，为公司尽心竭力，但我希望每个人都有高水准的工作表现。我希望你确保每个人都能得到应得的荣誉，这样我们大家都会做得更好。你说是吗？

让利己主义者埃莉诺不越位并非难事，只需迎合她的自我主义，比如向她寻求帮助，并因此对她表示赞赏。

极端利己的同事

完美先生，正确小姐，错了！但这是他们的问题。解决办法就是听他们大肆吹嘘、自我炫耀一番，然后坚持事实就好。不要戳破他们的幻想，让他们慢慢冷静下来。依靠事实和数据说话可以很好地帮到你："做得好。你到底做了什么来实现……？"不管他们说什么，你已经发出了一个信号。你大声且清晰地表达了你的意思，即你对牛不感兴趣，对肉感兴趣。如果意识到你是那种只有听到事实依据才会信服的人，他们很快就会停止吹嘘了。

和万事通打交道

记住,你必须和这些人一起工作才是棘手的问题!

你要了解事实并付诸行动:"爱德华,我不确定你说的是否准确。我看了一下记录,实际上……"这就会狠狠地打击到爱德华的自负。不要试图超越利己主义者,也不要试图打败他们。你只需要找出事实,让事实来说话。

> **练 习**
>
> 因为有些人的自我意识妨碍了你们的工作关系,所以和他们相处会变得困难。你有没有遇到过这种人?你可以思考一下如何使用上述技巧来改善这种状况。

利己主义者很容易被打倒。只要你拒绝关注他们,他们就会消停下来。这是你想要的答案吗?如果你的想法是让人们发挥出最大的作用,那么偶尔的赞美、表扬和认可都是有效的方法,可以使其留在团队中,并使情况变得可控。

> **要点总结**
>
> - 如果必须与一个极端利己主义的老板打交道,你就尽量奉承他们,但要保持一定的距离。

- 如果必须与一个极端利己主义的员工打交道，你就必须确保他们知道你也关心团队的表现。
- 如果必须与一个极端利己主义的同事打交道，你就一定要让他们拿出事实依据来支持自己夸下的海口，你也最好准备好事实依据来支持自己的观点。

第七章
与咄咄逼人的人打交道

没人会忘记他们是在哪里结下了恩怨。

——金·哈伯德

咄咄逼人并非身体上的攻击，它会掩盖一个人的真实表现，隐藏不良行为，不成熟老练的人会如此，尖酸刻薄的人也会这样。他们用这种行为激怒你，简直是在乞求你用力回击。

此时此地不适合讨论精神病学。这种行为像种子一样，已经深深植入他的性格，所以我们无须花时间去深挖它。现在需要做的是实现你想实现的目标，并继续前进。

明确自己的目标，找到支持自己观点的事实依据，并用结果进行衡量。

咄咄逼人的人有几种表现：虚伪、纡尊降贵、两面三刀、蓄意破坏、恃强凌弱、趁机陷害、无端批评，以及把人逼到不知所措的地步。如此种种都是身边常见的情形。

一种应对策略是不予理会，让事实说话，希望老板能很快意识到真正发生了什么。

记住，咄咄逼人的人往往非常爱挑剔，因此你不要轻易拒绝他们的批评，因为他们的意见有可能是对的。

客户的批评意见是必须听取的，来自下级同事的批评意见同样值得关注，想想他们需要鼓起多大勇气才能面对面给你提出批评意见。

> **小贴士**
>
> 如果你能有这样的心态，即认为批评就像恭维一样有价值，那你就成功了。

如果一个咄咄逼人的经理试图否定你的想法

这样的经理会用细节压垮你，要求你提交各种统计数据，从而使你感到窒息，也会制订各种各样的计划来让你崩溃。他会夸大其词吓唬你，告诉你这样永远不会起作用以及其他可怕的后果。尝试和他交流一下，尽量缩小你谈话的目标，这样就不会显得那么野心勃勃了。试试看这样说是否有效：

> 我们能否先在一个地区试行几个月，看看效果如何？这样我们可以先对其进行评估，看看它是否值得在其他地区进

行推广。

如果你接了一个永远不会成功的项目

咄咄逼人的经理很狡猾,他们有一个策略,就是把一个永远不会成功的项目甩给你,从而让你承担失败的责任。你可以试着增加承担责任的人数:

天知道为什么会是这样的结果。很明显,这个项目根本不会成功,无论是财务部门、组织部门、生产部门的人还是中层管理人员,大家每个人都显得很蠢。难道我们不应该一起决定做点什么吗?

其他人是不是和你有一样的感觉?与信任的同事私下里谈谈:"可能只有我这样认为,但我觉得安德鲁非常咄咄逼人,很难应付。你怎么想?"

你要找一些盟友一起商量解决问题的办法。

如果你被人背后捅刀子

从背后捅刀子是咄咄逼人的经理或同事最惯用的伎俩。你以为得到了他们的支持？你以为他们坚定地站在你身后？好吧，至少没出问题之前是这样。一旦出了问题，他们就消失不见了。

接下来怎么办？你需要反抗啊！用你的聪明才智，精心策划，进行反击！"对于我们需要做的 5 件事情以及使用的方法，我以为我们已经达成了共识。我记得我们曾谈讨这些。"如果听到你这么说，对方肯定会说："不，我从来没有同意过。"这时你就应该采取一些补救措施了。你需要说："你看，我们在这一点上继续争论没有意义。让我们找出能达成一致意见的地方，然后继续推进吧。这个、这个还有这个怎么样？"

> ### 练 习
>
> 不要上第二次当。背后捅刀子的行为很难被发现，你要做好应对的准备。第一法则：做好记录。当你们召开规划会时，不管会议正式与否，你都要做好记录。如果没有正式的会议记录，你就一定要自己做记录，写上日期保存下来。下次如果有问题，就亮出你做的会议记录！这会让那些想在你背后捅刀子的人和伪君子有所收敛，再动手时有所顾忌。

要点总结

- 永远不要加剧与咄咄逼人的人之间的冲突，而要坚持事实和自己的立场，尽量缓和局势。

- 如果受到经理不公平的指责,你要努力给自己争取一些时间,让结果证明一切。
- 始终坚持事实,记录事情的全过程,这样你就有真正的证据来支持你的观点,进而支持你的工作。

| 第八章 |

与懒惰的人打交道

> 一个人拥有了法学学位，配备了装修精良、设施齐全的办公室。现在就差把他从床上拽下来了。
>
> ——彼得·阿尔诺

人们为什么会变懒呢？我们知道每日的工作平淡无趣、单调乏味，即使最初勤勉高效的员工也会被这样的工作催眠，变得无所作为，因为他们所做的工作太枯燥乏味了。

所以重新设计一下任务，或者改变一下工作方式，如果可以的话，提高员工在工作环境中和工作方式上的发言权。

不要害怕挑战懒惰的人：

> 贾斯汀，你的项目似乎遇到了问题，难以按时完成。你知道这个项目必须靠你来完成。我们能做些什么让你更加可靠呢？

这里的精妙之处在于要把批评变成一个问题。"你为什么总是延迟交付"这样的话会引出一大堆借口、辩解、反驳，甚至使员工产生怒气。相反，你如果说"你好像遇到了麻烦，我们可以做点什么吗"，就可以将能量集中在完全不同的方向上，引发更加积极的反应。

那到底是谁的错呢？是员工懒惰还是管理不善？如果员工不知道自己应该做什么，那他就不会有最完美的表现。

> **小贴士**
>
> 你给出了明确的指示吗？你的要求现实吗？大家对预期目标有什么困惑吗？

看表族、墨守成规者和"非我发明"者

这些问题与动力有关，你要鼓励员工与时间赛跑。认真观察他们的工作方式，如果可以的话，最好抽出一些时间亲自调研一下，这样你就能搞清楚出了什么问题，以及该采取什么措施解决。

你能改变什么呢？环境？过程？时间？日程？材料？工具？设备？休息时间？服装？音乐？无论怎样，只要能使懒惰的员工参与进来就好。下面介绍一些调动员工积极性的方法：

- 基于团队的解决方案研讨会；
- 团队奖金；
- 团队素质改进方案；
- 轮岗。

员工可以看到项目的整个流程，还是只可以看到他们参与的部分？公开项目的整个流程，可以提升他们的参与兴趣。员工与项目或服务的客户或终端用户交流过吗？

如果你能强调员工在流程中的重要性，那么他们往往会找到新的动力。

练 习

以下哪项可能对您的团队最有效，为什么？

- 基于团队的解决方案研讨会。
- 团队奖金。
- 团队素质改进方案。
- 轮岗。

你能制订一个行动计划来引入上述方法吗？这些方法又有哪些利弊呢？

如果被懒散的同事拖了后腿

懒散的同事只是缺乏条理吗？你能使他们更有条理、更有规划吗？帮助他们进行时间管理吧！你要以身作则，深入了解一下细节，这会更有助益。你要制定详细的清单或时间表，审核要点并对结果进行评估。你要确保员工清楚交付要点，明确各自的任务以及自己在团队中所发挥的作用。你要用重要节点来推动重要工作。如果所有方法都失败了，你可以试试这样说：

珍妮特，我真的希望这个项目可以按时交付。时间已经要赶不及了，我在期待你的作品/成果/投入。我们应该坐下来一起制定一个大家都可以接受的时间表以确保交付。

身边有同事总是迟到吗？那你就不必等他们了。等他们到达后，让他们自行赶上进度就好。他们很快就会学到教训的。

游手好闲的老板

你的老板拖拖拉拉、磨磨蹭蹭、优柔寡断、朝令夕改、出尔反尔吗？他们为什么这样？很令人头大，不是吗？老板做事不达标的原因多种多样，可能因为束手无策，也可能因为缺乏信息。

他们与你对待工作的轻重缓急不一致,你应该想办法帮助他们摆脱困境。看一下他们是需要背景材料,还是需要调查研究,抑或需要有人帮他们跑腿打杂?

答案来了,那就是你应该为老板排忧解难,帮助他们更容易地做出决策。这样做当然会增加你的工作量,但为了项目的顺利进行和最终完成,把额外的工作视为一项投资是值得的。

如果你做事漂亮、灵活巧妙,那么你会成为公司里不可或缺的存在。当然你也可能被人利用、遭人盘剥。这取决于你自己……

> **小贴士**
>
> 注意不要越权。你千万不可擅做决策,只需整理好事实和数据,以便老板可以花最少的精力做出决策,并把风险降到最低。

如何吃掉一头大象

美国管理大师汤姆·彼得斯在他的《追求卓越》一书中给出过这样的答案:大象汉堡、大象肉排、大象炖汤、大象烩饭、大象肉串。明白了吗?

如果任务过于艰巨,使人们无法承受,大家往往会退缩不前、磨蹭拖沓，看起来像变懒了一样（当然也可能就是变懒了）。解决办法是把工作分成很多小部分，让团队成员达成一致意见，并设定好轻重缓急和最后期限。成员间要保持联系，掌握项目的最新动态，果断而又专注地坚持，直到任务按时完成。

有些员工手里总是拿着需要 10 个壮汉才能抬起的沉重文件盒，让人感觉他们疲惫不堪，劳累过度。这时你就要注意了，他们可能并不懒惰！当他们挥手引起你的注意时，他们可能已经要溺水身亡，被淹没在工作的大海中了。你要对其施以援手，教他们分清轻重缓急。把下面这句话写下来贴在办公室的公告栏上吧：

一下子取得巨大的成功很难，而一点点取得进步却可以水到渠成。

懒到极致的人

这些人已经懒到了艺术级的程度。为了偷懒逃避工作，他们或牢骚抱怨，或极力请求，或哭哭啼啼，或精心策划，无所不用其极，所花精力可运行 10 个发电站。

偷懒既不被抓到又能保住工作是需要花费很多精力的事情。这需要周密计划，也要有魅力、有精力、有决心、有智慧，并辅以十足的创意、百倍的努力、千分的狡诈和万分的决断力方可实现。所有这些都是取得成功和成为"五星"员工的必备素质。

也许没有懒惰的员工，只有不合格的老板？

> **要点总结**
>
> - 对付懒惰的员工，要找出方法激发他们的工作动力并使其投入工作——你能改变他们的工作环境或者改变他们对工作的感受吗？
> - 调整你对待懒惰的团队成员的方式，以此来帮助他们改进。
> - 只要有任何可能，不要等懒惰的老板去做某项工作——自己做吧。
> - 把要处理的巨大任务分解成一个个小任务是个好办法，这可以让懒惰的人觉得自己能更快地根据任务清单推进进度。

第九章
让恃强凌弱的人自食其果

爱上自己的敌人并没有什么不光彩的，只是更危险一些。

——伯纳德·莱文

匈奴王阿提拉完成大业，成吉思汗闻名四方，即便如此，效力于他们中的任何一个人也并非美差。所以，面对现实吧！

老板确实认为（或者有些老板确实认为），最好的老板是那些叫喊声最大、摔门最厉害、吓得大家灵魂出窍的老板。

> **小贴士**
>
> 暴君想要打仗，恃强凌弱的人喜欢欺负别人。对付恶霸老板是有办法的，既无须动武，也不必受气。

恶霸之所以成为恶霸，是因为他们发现自己可以逍遥法外；而恶霸之所以恃强凌弱，则是因为他们没有任何管理之道。没有沟通技巧，不能洞察一切，缺乏安全感而又碌碌无为，会使不合格的老板变成恃强凌弱的老板。

如果恃强凌弱的人要欺负人，为什么受害者会是你呢？你需要工作吗？当然，我们都需要。你需要支付各种账单吗？是的，当然。但你只有一次生命，所以不要在恐惧中度过。

如果你什么办法都试过了，生活还是痛苦不堪，那下一步该怎么办呢？

你难道不应该果断地去找另一份工作吗？当然，这需要悄悄地进行，精心安排，不能着急，慢慢来。

高分贝独裁者

如何应对总是大喊大叫、一生气就发飙、拍桌子的人？一定要保持冷静，控制情绪，客观处理。

> 我知道你很关心这件事，这件事肯定需要解决，但对我大呼小叫／冲我发飙于事无补。这让我无所适从、无比沮丧，从而无法好好工作。

就这样直截了当地说出来。

然后怎么办呢？老板需要找个台阶下，所以接下来会有一段不那么激烈的自我辩解式的长篇大论："只要你明白这件事的重要性……"

你可以回答:"我当然明白,所以我们专注于讨论问题吧。第一步是什么?"

> **小贴士**
>
> 如果你犯错误了怎么办?承认错误,不要逃避,并就此道歉,主动做一些事情来纠正错误,这是常识。如果你被冤枉了呢?那就试着说:"你需要知道以下三个事实。工作之所以未完成,是因为1.……,2.……,3.……"

当一切都失败时

老板已经失控了,尖叫声大到整个欧洲大陆都能听见,其他员工已经开始寻找掩体了。你应该做什么呢?胆战心惊,恨不得藏起来?羞愧难当,气得浑身发抖、哆嗦不止?还是去找老板的老板?最后一点是非常冒险的。

恃强凌弱的老板常常会模仿别人的行为,他们的恃强凌弱很可能就是从他们的上级那儿学来的。

如果你老板的老板是恃强凌弱的人,那么很可能你的老板也是恃强凌弱的人。这样的欺霸行径将成为被普遍接受的行径,成为企业文化的一部分。因此,向更高的权威投诉很可能是徒劳无功的。

那该怎么办呢？实话实说，找另一份工作吧。你不需要这样的工作，你值得更好的。

你要保持冷静，试试这样说："布尔斯特罗德先生，请坐下来，静静地想一想。"我打赌布尔斯特罗德会闭嘴（否则我给你全额退书钱）。你继续说："我知道你为什么发火，但你没有权利这样和我说话（说这样的话／说这些事）。如果你想继续谈，请用礼貌的方式，我们可以解决这个问题。"然后你就什么也不用说了，尽量让自己看上去沉着冷静，从容不迫地等待他的回复。布尔斯特罗德将不得不软化态度。

不要留下来当受害者，要远离火线，避免被苛责、批评。说一句"布赖恩，回见"，然后干净利落地离开就好。离开吧，恃强凌弱的人总是需要受害者和观众的，你不要成为那个受害者。

> **小贴士**
>
> 把重点放在问题上，而不是行为上。

一点就着的同事

是什么点燃了他们的导火线？前一分钟他们还非常可爱，工作上也很合作，下一分钟就变成爆竹。你能察觉是什么点燃了他们吗？如果能发现，那你就避开那个话题或问题。当出现烟火味时，你要遵守四条黄金法则：

- 不要指责——这会火上浇油。
- 不要说"冷静下来"这样的话——这会使情况恶化。
- 不要参与其中——这会延长发飙时间。
- 不要待在火力中心——这不安全。

> **小贴士**
>
> 当一切尘埃落定后，不要再相互指责。你可以这样说："我知道这很重要，让我们一起来解决这个问题吧，因为一起做更有可能成功。"

感觉受到威胁了吗？如果你感到被威胁了，那么你很可能就是被威胁了。这种威胁是潜在的。你要问问自己为什么感到被威胁了。你感觉没有安全感、满足感，不能胜任工作或者有什么事情要隐瞒吗？我们对别人做出的反应往往始于我们自己。如果我们想成为受害者，那么我们就会成为受害者。如果我们任由别人随意摆布自己，那么别人就会这样对待我们。

如果你能胜任这份工作，那么你就尽己所能做到最好，这样你就没有理由感觉受到了威胁。你不要指望逻辑在人际关系平衡中发挥任何作用。恃强凌弱的人是不讲逻辑的,他们奉行机会主义而且难以捉摸。你的保护伞就是你的智慧、技能、耐心和冷静。你要避免情绪化,保留好证据,远离盛怒之人,依计划行事。

> **练 习**
>
> 职场欺凌是一个很严重的问题。你可以访问英国咨询调解和仲裁局网站,花些时间了解一下什么样的行为可以构成职场欺凌,以及他们对处理欺凌事件有何建议。

> **要点总结**
>
> - 如果你的老板是个恃强凌弱的人,那么你既不要动武,也不要受气。
> - 如果你的老板大喊大叫,开始生气了,那你就缓和局面,等待时机和他理论。你也不必急着理论,等他状态平稳了再说。
> - 如果所有其他方法都失败了,而你又感觉受到了威胁,那就认清事实:有时候你确实是什么也做不了。

| 第十章 |

抱怨者、牢骚者和批评者

> 永远不要理会批评家说了什么。从来没有人为纪念某一个批评家而建过雕像。
>
> ——琼·西贝利厄斯

在一个完美的世界里，我们都是完美的，没有什么可抱怨的，没有什么可发牢骚的，也没有什么可批评的。但就现在的情况来看，这还不是一个完美的世界，我们会把事情搞砸，出现失误，犯下错误。所以，抱怨者、牢骚者和批评者的存在就不是什么令人大惊小怪的事了。

本着把事情做得更好的目的，真诚地提出建设性的批评意见，这并不是坏事。有些老板做得太过火，主要是因为他们不擅长做老板。但谁又擅长呢？

如果你遇到了一个挑剔的老板，那么你最有力的防御武器就是坚持事实依据。如果他们发牢骚，你就拿出笔记、备忘录、材料、发票、计划和会议纪要。就像20世纪50年代的一部侦探系列剧《法网》(Dragnet)中的那个男人常说的那样："女士，请用证据说话。"

过于严厉的老板会掉入这样的陷阱：将出色的表现视为理所当然，只关注别人的错误。这样是不对的，不要做这样的老板，尽量不要太严厉！

如果事实不站在你这边，那你就要承认错误，主动纠正错误，并商定一个行动方案以确保同类情况不会再次发生。如果你的老板令人害怕，而且你知道你的过错所在，那么最好的办法就是自己先承认错误，积极主动地坦白问题。

> 我不太确定这是怎么发生的，我们必须进行调查才能找到答案，但威廉的账户显示的是延迟支付。我建议采取以下行动来进行纠正：调查问题是如何发生的，做出相应的安排，以确保这类情况不会再次被忽视。我真的很抱歉。

这可能不会使你免于批评，但可以让你不被解雇。

冷水折磨

不仅老板会让人感到痛苦，同事也可能会不断地试图毁掉你的好想法。你可以尝试私下与他们谈谈以得到他们的支持，这样你就可以知道是什么让他们变得消极，然后将问题放入全局进行综合考虑，克服消极情绪。消极的人往往是缺乏安全感的，也缺乏发明创新的能力。面对有创造力和有想象力的人，他们会感觉到自己的局限性，并试图通过打压别人的创意来弥补差异。

小贴士

尝试与消极的人分享你的想法，让他们与你一起做你想完成的项目，通过这种方式让他们成为你的支持者。

尝试建立同盟、合作和联系

把你的想法和同事分享一下，听听他们的意见，争取获得支持和帮助。先获得朋友的支持和积极的反馈，再告知脾气暴躁者。一定要在你的支持者在场时说出你的想法，因为抱怨者和牢骚者在发现自己没有盟友时，往往就会销声匿迹。

小贴士

你不喜欢分享自己的想法吗？为了使你的想法付诸实施，最好将一些称赞分给别人。分享功劳可能会使它取得成功。

> **练 习**
>
> 做个一天甚至一周时间内的统计表，记录一下你得到的消极反应，并试试用下表中提供的建议来回应这些消极反应。
>
> | 消极反应 | 记录 | 回答 |
> | --- | --- | --- |
> | 这样的事是不会成功的 | | 哦，亲爱的，我很难过听到你这样说。请告诉我你为什么这么说。你怎么能确定这个计划行不通呢？ |
> | 我们以前试过，结果一团糟 | | 是的，我知道。我查看了马克2号项目，也很小心地避开了之前困住那个团队的坑。我给大家解释一下这个项目有什么不同…… |
> | 我们为什么要操这些心呢 | | 这种方法节省了资金/时间/精力，更有成效/更快/更周密。(介绍其好处。)我来解释一下如何…… |
> | 我们这里不做这样的项目 | | 我知道我们不做，但我认为我们应该开始做了。让我解释一下为什么…… |
>
> 你的进展怎么样？

当批评者把矛头对准自己时

批评具有传染性。如果你纵容组织内说长道短的风气，那么你很快就需要处理一场流行病了。如果批评是有根据的，那么你无须太在意，接受意见并进行改正就可以了，而且要让大家都知道你改正了。否则的话，你就要尝试让批评者加入你的阵营。

"戴蒙，我知道你对这件事有强烈的不满，所以在我向大家公布之前，我想先听听你的意见。"你这样做的话，会得到两个机会。首先，你可以知道争议是什么，并为此做好准备。其次，你可能会收获一个盟友。

缺乏自信的员工经常会自我批评。他们似乎认为，在别人批评自己之前先进行自我批评会比较容易解决问题。如果你是老板，且身边有这样的员工，那么你必须采取行动。

对于所有的公司来说，员工都是最重要的资产。你一定要给他们动力，让他们充满自信并感到备受鼓舞，这是至关重要的。你可以把他们带到一边，说：

> 听到你这样说真是太遗憾了。你有……的技能/经验/精力/热情/忠诚……我不愿看到你浪费了这项优势，你做得很好。看，我已经告诉你你有多么出色了，现在你也要这样告诉自己。

员工有时贬低自己，只是希望有人过来告诉他们，他们在工作中是多么出色。不要被这种情况迷惑，一定要说："我想我们都知道你在做什么工作。如果我认为你不够优秀的话，你就不会待在这个部门/团队了，所以让我们用事实说话吧。"

要点总结

- 如果有人批评你的工作,那你就要用事实向他证明。如果事实不站在你这边,你是错的一方,那你就要坦率面对,解释出了什么问题,你会如何解决,下次会怎么做,然后道歉。
- 如果你的想法遭遇抵制,那你就要尝试让难以相处的人也参与到讨论中,关键是找到别的盟友,他们会站在你这一边来支持你的观点。
- 如果你知道有人会给予批评,那你就将其扼杀在萌芽状态。在你与其他人进行讨论之前,正面处理他提出的批评。

| 第十一章 |

令人头痛的完美主义者

美国女性希望在她们丈夫身上找到英国女性只希望在男管家身上找到的完美形象。

——威廉·萨默塞特·毛姆

小贴士

企业要获得成功，需要各种不同性格的员工。

能否完成一项工作、一个设计或一个项目通常取决于一类人的投入，那就是完美主义者！他们是细节大师，甚至可能挑剔到吹毛求疵的程度。对于性格外向的人来说，完美主义者可能令人头痛，但事实是，我们非常需要他们。

当这些吹毛求疵的人变得更挑剔刻板、顽固不化时，和他们相处就会很困难。这些细节大师往往不会意识到自己很难相处，在他们看来，细节与规章制度是公司的黏合剂。

他们会搬出程序，有时是法律，以及一堆备忘录和笔记，以掩盖自己缺乏远见或创造力的事实。

为什么在一本有关难以相处的人的书中，要用一章来专门介绍完美主义者呢？在这个人人都行色匆匆、敷衍了事的世界里，我们难道不应该多找几个完美主义者吗？

我的回答是：应该，也不应该！我们需要完美主义者对细节的把控和附属细则的关注，从而帮助企业走上正轨。但我们不需要完美主义者身上附带的目光短浅、固执己见，以及对规章制度的过分执着。我们需要让他们放松：

> 我不知道你要如何处理这些细节，不过这里有人做得不错。但问题是，这个项目的周转时间很紧，在交付上要花很多精力。我现在不怎么担心细节，我只需要推进工作进度。

这比说"你这个呆子，难道你没发现自己在拖延整个进程吗"的效果要好得多。

要想对付完美主义者，你就得让自己也变得追求完美。你尽己所能做到最好了吗？你做出最好的成果了吗？

除了占据道德高地，从其他任何方面挑战完美主义者都没有意义。只有这样，他们才会因为与你志趣相投而开始欣赏你。

完美主义者的动机是什么

令人惊讶的是,完美主义者的动机不在于细节,也不在于一本本关于尺度和规章制度的书,他们靠的是强烈的成就感。完美主义者对自己的要求很高,这往往也是他们失败的原因。他们太执着于把事情做到最好,以至于看不到大局。你要不断地提醒他们着眼全局,同时关注自己在工作中所扮演的角色,这可以让他们放松一点儿。

> 彼得,如果你继续对测量值进行再三检查 / 反复核对账目 / 对软件进行多次审查,那么我们不仅会超出预算,还会错过交付日期。你可以做些什么来帮帮我们?

完美主义者可能会迷失在自己的世界里,忘记时间和进度。你要帮助他们进行时间管理,教他们把工作分成几个部分,并对每个部分设定最后期限。这可以提升他们在工作中的成就感,让他们在规定期限交付任务。

规则就是规则

每个企业都必须有自己的规则,没有规矩不成方圆。然而,现代商业的繁荣有赖于创新性和自发性。你能在规则范围内创新吗？是的，可以，但有时你必须对规则也进行创新。

士兵必须遵守规则和命令，但大多数勇敢行为和英勇表现都没有规则的限制，或摆脱了规则的限制。现如今的管理者如果没有创造力，就一文不值。

完美主义者需要被允许不那么完美：

> 彼得，你知道我们的预算是多少吗？我不想再增加预算了，但是我们必须按时交货，而且质量不合格率要低于1%。如果这意味着我们必须就价格进行谈判，那就谈吧。我相信你的判断，也知道你会做得很好。

练 习

下次与完美主义者打交道时，你可以尝试使用优先级矩阵法。

在一项任务或一个项目开始时，要求他们致力于确定优先事项：进度、预算或质量等。将达成的共识付诸书面并广为传阅，当完美主义者的工作方法使事情变得失控时，你可以回头查阅一下当时大家达成的共识。

你可以回想一下以前在工作时受到完美主义者影响的情况，试试这种方法能否使工作重回正轨。

追求完美的老板

追求完美的老板期待员工长时间地工作、有献身精神,同时可以热血拼搏、挥洒汗水和泪水。如果可以的话,你就把部分工作分给他人。如果工作实在太多的话,你就这样说:

> 我知道您有多么看重准确性和交付日期,但工作量实在太大了,我可能连一个方面都无法保证。我们能把工作拆分一下或寻求其他人的帮助吗?

要点总结

- 不要试图挑战完美主义者,要让他们意识到着眼大局有时更重要,并用事实告诉他们为什么。
- 提醒完美主义者关注全局,帮助他们厘清时间线、优先事项以及什么才是可接受的标准。

| 第十二章 |

操纵那些操纵者

> 灾难有两种：一种是自我的不幸，另一种是他人的幸运。
>
> ——安布罗斯·比尔斯

管理何时变成了操纵？激励和操纵有什么区别？调整何时变成了操纵？字典给了我们一条线索：

> 操纵：（1）巧妙地处理、对待或使用；（2）用不公平或不道德的方式使自己处于优势地位。

在现代职场中，我们如何避免被操纵呢？职场竞争激烈，如果动机不纯、管理不公或阴谋诡计不断，我们就必须采取相应的措施了。

第一条规则是，不要试图反操纵操纵者。相反，你要直面问题，否则你会进入一个充斥着阴谋诡计的复杂世界。毕竟你没有太多时间，你要克服困难，然后继续前进。

你被老板操纵了吗？如果是，那就麻烦了。试试这样说："老板，我知道您是一个公正的人，但您所做的决定给我带来了很大的麻烦。"寄希望于他们本性善良可能比抱怨他们的操纵更有效。

如果你被当作替罪羊

太经典了！你的老板、同事甚至你的员工，都在寻找替罪羊。没有遇到这种情况的人请举手。

一个项目搞砸了，每个人都试图推卸责任。不幸的是，在项目开始的时候，你以你一贯活泼、乐观的方式说（或者更糟的是，写在电子邮件中），你认为这是个好项目，是个好主意。结果三个月后，一切都完了……

突然，就像晴天霹雳一样，它成了"你的项目"、"你的错"和"你的责任"。唉！接下来怎么办呢？

你可以试试说："你不会真的认为这一切都是我的错吧？"然后耸肩、摇头，表示难以置信！

我觉得这还不够，这儿有个更好的建议：

我们一共有14个人参与了这个项目，涉及两个主要部门。诚然，一开始我觉得这个项目很不错，但还有这么多人参与其中，包括区域管理层。事后诸葛亮的感觉很不错，但如果我们现在停止相互指责，开始着手制订一些解决方案的话，或许我们能做得更好。

这个方法要好得多，而且表明你不会去责备别人。要么大家一起完蛋，要么大家一起解决问题。

企业如果被麻烦所困，势必会流言四起。当务之急是让这一反驳言论迅速传播出去，保证你不被流言蜚语所伤。

谎言就是操纵。谎言并不全是恶意的，也有善意的、半真半假的以及选择性遗漏的部分。不管你怎么包装，如果它不是真相，不是全部的真相，不是纯粹的真相，它就是很危险的。

说谎者比操纵者高明一些，但也没有高明多少。那些不仅操纵同事而且操纵真相的人很容易对付，只要我们做好记录，保存文件和数据，用事实说话就可以了。对了，不要说任何人是骗子。也许在你看来，他们既糊涂又无知，跟不上时代的发展步伐，早就不专心于工作了。但还是让别人称其为骗子吧，这样你就可以多联盟，少树敌。

将半真半假的事情当作疏忽或错误来处理就好。说谎者会知道你在做什么，而其他人则会认为你很机灵。你可以说："劳伦斯，你说得对，但我想你忘了一点，那就是客户说第一批货要蓝色的。"不要妄加评判，比如你说："劳伦斯，你在报告中遗漏了客户偏好，你这么做是为了让我的部门干蠢事吗？"你说的可能是真的，但这只会使情况恶化，导致摩擦。你只需要准备好证据，让事实说话就可以了。

> **小贴士**
>
> 困难情况和难对付的人可以被事实搞定——不要低估记录的重要性！

让我们做个交易

这既可以是个千载难逢的机会，也可以让你沦为被操纵者，你说了算！你必须做完这笔交易才能找到答案。我们会假设与你交易的人都是诚实的，这样假设是合理的。但如果交易看起来好到不像是真的，那么它很可能就不是真的。记住，达成交易的关键是每个人都能从中有所收获。当然，你要从你的角度来考虑这笔交易，但更重要的是从对方的角度来考虑。这对我有什么好处？这对他们有什么好处？如果交易看起来全是己方获益的话，那你就要再考虑考虑！

口头承诺还不如白纸值钱！操纵者视自己为协定制作人，如果某项交易需要你承诺做某件事，交换条件是其他人也要做某件事,那么假如别人不做怎么办?你是否会因陷入困境而局促不安?

小贴士

第一条黄金法则:如果这笔交易对项目来说是正确的,就去做;如果你们存在疑虑,就不要做。

第二条黄金法则:在交易时保存记录,做好备忘录,同时达成共识。

练 习

看一下下面的示例:

本备忘录的目的是记录2016年2月29日的会议所达成的共识以及我的理解。约翰同意做这个,我同意做那个,而整个事情将由……

想想在哪些情况下,这样的书面记录会对你有所帮助。开始使用下面的模板记录业务决策吧。

日期(在适当情况下写下具体时间)
会议或活动详情
结果　　　　　　　　　　　　(谁)同意(什么)
结果　　　　　　　　　　　　(谁)同意(什么)
结果　　　　　　　　　　　　(谁)同意(什么)
截止日期或达成的可交付成果
注释

> **小贴士**
>
> 可以的话,把记录传阅一下,如果其他人觉得有不正确的地方,就请他们加以补充和修改。

如果你很容易被讨好

你好漂亮!你真的很漂亮,我们都很漂亮!你曾经听过这样的话吧:"我明天要做演讲,你这么擅长做幻灯片,能不能为我做一套?"然后你就被安排了,熬到凌晨赶制杰作。如果被操纵大师所操纵,你应该试试这样说:

> 玛丽,谢谢你的夸奖,但我觉得做幻灯片是个人的事。如果你自己完成的话,你会更有信心,也会展示得更好。如果你做完之后想让我看看,那么我很乐意帮你做最后的润色工作。

这样晚上你就可以做你想做的事了。如果觉得自己被操纵了,那么你很可能是对的。狡猾的操纵者会用奉承和恭维来掩饰自己的操纵行径。相信你的直觉吧,你如果感觉不舒服,就不要答应。好好思考一下,问对方一些问题:为什么?什么时候?是谁?做什么?从哪里开始?

如果你被员工恭维

"你知道吗？你是理想型老板！"偶尔听到这样的话，你会感觉挺好的。但你要提防那些奉承者，他们会利用自己的魅力让你给他们分配轻松的工作，或者让你忽略他们的缺点。试试这样说："西尔维娅，谢谢你。很高兴听到你的称赞，但我觉得咱们还是继续工作吧。"

奉承、谄媚、拍马屁都不是很好的行为，你不怎么需要它们。你要注意奉承中隐藏的个人暗示。在工作场所出现的问题包括：对不当行为的指控，以及违背"政治正确"原则。如果某件事看起来好像有问题的话，你就要告诉你的老板。你如果是老板，就找高级职员或律师谈谈。

要点总结

- 与操纵者打交道时不要尝试采用操纵手段，要坦诚相待。
- 说谎是一种操纵形式。面对说谎者，不要揭穿他们，而要假设他们不了解全部事实。一定要把所有的事实都记录下来，这样你就可以从容地反驳他们的论点，而无须咄咄逼人。
- 与操纵者做交易时，要分析他们能从中得到什么。如果这笔交易似乎只对你有利，好得令人难以置信，那么它很可能不是真的。
- 操纵者经常通过奉承别人来达到自己的目的，你要调查他们的真实动机，同时认真工作。

| 第十三章 |

士气、态度以及你感觉如何

> 如果感到沮丧,你就不应该出门,因为它会在你的脸上表现出来。痛苦是一种传染病。
>
> ——玛莎·格雷厄姆

这一章的出发点是:只有一个人能影响我的士气,那个人就是我自己。

我猜大家都不会像我这样,而且我听见你说这是件好事!在现实世界中、在职场中、在公司里,处处都有压力、变化和突发事件,它们会影响人们的工作态度。企业的士气是一个很难判断的东西。有人说公共服务部门的士气已跌至谷底,但我可以告诉大家,我们还有很多鼓舞人心的教师、爱岗敬业的护士和出类拔萃的医生。你如何衡量士气?如何知道士气何时下降?下面的练习可以帮助你找到迹象。

> **练习**
>
> 以下问题可以帮助你评估团队是否存在士气方面的问题。
>
> - 员工之间经常发生冲突和争吵吗?
> - 病假和计划外的缺勤变多了吗?
> - 出现过拉帮结派的情况吗?有非正式的小团体吗?
> - 是否八卦盛行,谣言到处传播?

如果你对其中一个或多个问题的回答是肯定的,那么士气方面可能出现问题了。

你该做些什么呢?

第二十二章讨论了解决冲突和愤怒的方法,由士气低落引起的摩擦和争吵也可以以同样的基本方式来处理,但其中有细微的差别。在处理常见的小摩擦时,你需要找出问题的原因,根据原因来解决摩擦。

由士气低落引起的意见分歧也要遵循同样的处理规则,但其原因往往更难查明。

当有人在激烈争吵时,你可以尝试图 13-1 所示的过程。

共情他们的愤怒 → "我明白了，艾伦，你很生气。" → 然后问问题 → "是什么让你感到心烦？" → 最后，重复他们说过的话 → "好吧，你是说没人听你的。现在我正在听，你想跟我说什么？"

图 13-1　处理工作摩擦

你需要倾听！多问一些问题，然后再听听他们的说法，这样你就能从愤怒深处挖掘出原因，比如：关于裁员的流言蜚语，工作方式的改变使工作更加难以完成，需要更现代化的设备，超出想象的工作量。原因肯定就在某个地方。

如果你受够了生病的员工

身体健康的员工突然开始频繁请病假，那么这肯定是哪里出了问题。但在这种情况下，无论是什么问题，都是无法通过医生的手术治愈的。明显的迹象有周末前后或公共假期前后请假。若员工周五和周一缺勤，且其理由都与生病有关，这就值得我们注意了。

士气低落、缺乏动力、无精打采总是与频繁请假有紧密联系。

要采取行动吗？正面处理生病问题，但不要过度关注：

希拉，我注意到你上个季度（月）因病请了几天假，我很担心你。你是身体有点不舒服，还是有什么问题需要我帮忙？

> **小贴士**
>
> 病假记录受到关注，就足以改变这些人的行为方式了。

你们公司有职业健康服务人员吗？如果条件允许，你可以向他们进行咨询，了解健康状况突然下降的员工的情况。然而，不要指望医生或护士会透露员工的具体健康情况，因为那需要保密。不要指望临床医生替你做管理者的工作，让一个装病的人回去工作。他们可以告诉你的是，某位员工的健康状况大体上可以支持其胜任其所负责的工作，他们还会帮助员工解决所有健康问题。仅此而已。

大家都装病

士气低落会导致大家普遍逃避工作，团队变得难以管理，因为每个人都拿生病当借口，从而逃避工作中出现的问题。

练 习

以下表格可用于记录发生病情况。记录时间不少于一个月,不超过三个月。

	姓名	姓名	姓名	姓名	姓名	姓名
公共假期前后的病假(扣12分)						
周末前后的病假(扣10分)						
每周请一天病假(扣8分)						
工作日连续请病假(扣2分/天)						
长期请病假(扣1分/周)						

这种加权评分的方法可以揪出那些装病的人，同时不会惩罚真正生病的人。

你需要认真考虑如何与你的直属领导或人力资源部门共同使用这个结果，它应该符合公司的规定。使用这个表格估计会出现以下情况：

- 这个问题引起了管理层的注意，那些装病逃避工作的人会受到影响，从而立即减少因病缺勤。
- 得分高的部门可能就是表现差的部门，这也会对其他部门产生影响。部门之间的压力可以减少这种不可接受的、毫无理由的缺勤。

这是很实在、很有效的方法，否则我把书钱给你退回去！

拉帮结派

士气低下的企业经常受到小团体的影响。他们把自己置于公司之外，也就是说，他们互相支持，半独立于公司之外。

他们坐在那里抱怨着、宣泄着、密谋着！内容正是多疑的管理者想要知道的。这些人通常是流言蜚语的制造者，对于不知道的事情，他们就自己瞎编。

> **练 习**
>
> 你可以创造性地利用八卦。你如果有什么好消息要传播，就私下里悄悄告诉公司里的八卦人士，然后等它传播开。

有两种方法可以处理小团体问题。第一种是将小团体拆开，将员工调到其他部门，并改变他们的工作时间，或调整小组成员，让他们彼此断开联系。这可能不是一个实际的解决方案，因为它具有破坏性，而且可能会加剧现有的士气问题。

第二种解决方案更具有策略性。尝试在小团体中选定几名成员，交给他们特定的、特殊的任务，并要求他们必须向你汇报。对他们进行鼓励、给予赞美，把他们拉拢到你这边，这实际上是在你周围建立了一个积极的小圈子。你要发掘他们的才能，公开表扬他们，让他们不再沉浸在自己的内心世界里。

要点总结

- 士气的下降会引发冲突，因为它往往会使人更加情绪化，失去理性判断。
- 士气低落往往伴随着病假缺勤的高发。你在应对员工的不合理病假时，一定要先发制人，直接向他们提出疑问。

- 不要让一群心怀不满和缺乏积极性的员工集体堕落。你要与小团体中的每个人都保持接触,不给他们聚在一起抱怨的机会。

| 第十四章 |

吹毛求疵者和爱挑剔者

> 对他而言，奇迹是解决一切的良方。
>
> ——亚历山大·伍尔科特

怎样与吹毛求疵的人相处呢？答案就是，万事都做到完美无缺！可是这说起来容易，做起来难。当员工对自己的工作感到很自豪时，一个吝啬的吹毛求疵者却在一旁说三道四，这可能真的会让人感到非常沮丧。

他们这样横加指责让人十分讨厌，你必须把这种指责扼杀在萌芽中。

菲奥娜，整个部门都在这项工作上投入了巨大的精力，我希望你记住这一点。你一直在挑毛病，我觉得这让很多人难以忍受。我希望你可以把自己认为有错误的地方列一个清单，拿来与我讨论一下，我们一起把这些问题处理好，不要只是不停地抱怨。

你可以尝试让他们承认有些事情并没有那么糟糕,同时请他们帮忙改正错误,把其他问题也一并解决掉。

> 弗雷德,我知道这件事还略有瑕疵,但我们已经设法消除了90%的质量问题并保证接受索赔。你认为我们应该怎么做才能继续推进呢?

> 富有创造力的吹毛求疵者?这样的人真的存在吗?答案是肯定的。我们要充分利用他们的优点。他们通常是细节大师,并且能够以更具创造力的方式发挥自己的才能。你可以说:"克里斯蒂娜,我知道你在这个项目里扮演着十分重要的角色,发现了很多错误。我希望在我们提交这个项目之前,你能对它进行仔细的审查并指出其他你认为有问题的地方。"

如果你有一个挑剔的老板

面对笼统的批评,比如"这样做不行",我们需要请老板提出更具体的指导意见:"老板,我知道您对我的工作不满意,但为了改正问题,请您把意见说得更具体一点。"

不要怕他人对你的工作提出批评,尽量清醒地看待这些意见。把注意力放在具体的问题上,让老板从工作全局的角度看待问题——这也不全是坏事,不是吗?

你的老板总是对别人冷嘲热讽?这太可怕了。嘲讽,不是最低级的幽默吗?不要把嘲讽当作智慧。"看看她,都快成客户关系部门的人了!"当老板这样说一个同事时,你一定不要笑。

你应该回答:"我认为玛丽与客户相处得非常好。为了让客户满意,她真的非常努力。总之,如果没有客户,我们该如何立足?"

挑剔的同事

坐在吹毛求疵的同事身边工作,会让你感觉这一天格外漫长,而躲着他们或者对他们置之不理都是下策。尽可能地亲近他们,以及尽可能多地询问他们的意见才是高招。

> **小贴士**
>
> 如果同事满腹牢骚、吹毛求疵,你就可以对他们提出疑问。深入挖掘他们的观点,要求他们用事实来证明。我敢打赌,他们举不出多少事实!

你越深究他们的观点,他们找你碴儿的频率就会越低。对于找碴儿的人而言，挑毛病已经成为下意识的行为，变成了一种习惯、一种思维模式，也是一种极为肤浅的行为。你对他们进行质疑，可以迫使他们思考，而思考会耗费精力，因此他们很快就会放弃找碴儿。

从积极的方面看，通过对其观点进行深究，你可能会发现他们的观点中隐藏了一些有用的批评，你可以将其付诸实践，以完善你的工作。

你可以让那些吹毛求疵、满腹牢骚的员工去干他们抱怨的事情，从而让他们搞清楚自己的思维模式。对于"停车场的照明设备一点儿用都没有"的抱怨，你应该这样回应："露辛达，我与你的观点不谋而合。我希望你调查一下升级照明系统的可行性以及所需的成本。你能在下周末之前给我一份计划吗？"这种方法可以占用找碴者的注意力，让他们闭嘴一段时间，而且这既可以让他们觉得自己受到了重视，又可以解决停车场的照明问题。

你如果是一个心态积极的人，那么可能会试图将吹毛求疵的人拒之门外。试着换一种说法："卡尔，我真的很感谢你对这项工作提出的意见，我愿意接受你的意见。我认为你帮助我完善了工作。"看，现在你有一个粉丝了！

练 习

回想一下有人挑你毛病的时刻，试试上文的方法能不能让情况得到改善？它如何发挥作用呢？

要点总结

- 第一时间与爱挑毛病的人进行交流，不要让他们打击到其他人。请他们协助推进项目，修正他们认为出错的地方。
- 如果你有一个吹毛求疵的老板，那么针对你工作中不完善的地方，你一定要请他们提出具体的意见。这样一来，你就可以正面处理每一个问题了，并迫使他们在给出批评时以事实为依据。
- 你可以充分利用吹毛求疵者的优点，让他们尽可能地参与到你的工作中，并认真挖掘他们的批评意见。通过深入思考，你可能会发现一些有价值的意见，而且有可能使他们安静下来，不再随意找碴儿。

第十五章
流言蜚语：本可以避免的灾难

很多人没有勇气自杀，是因为害怕被邻居说三道四。

——西里尔·康诺利

流言蜚语肯定是对企业文化最具腐蚀性的影响因素之一，它主要分两种情况。

一种是很随意（无伤大雅）的流言蜚语。也许有一些重大变故即将发生，也可能是有些事情会对公司产生影响，人们对此感到紧张不安，因而会去探寻一些事关他们未来的蛛丝马迹。即便是在电梯、停车场或食堂里偶然听到的一个随意的消息，也会让人受惊，这种事情时有发生。但这绝非无法避免，良好的管理、及时的沟通和公开的承诺都可以阻止流言蜚语的传播。这是一个管理问题，而且有一些管理技巧可以把流言蜚语扼杀在萌芽中。

另一种流言蜚语可能更具有破坏性。这种流言蜚语的产生方式并不是将零碎的信息拼凑在一起，而是由不了解任何事实的人凭空捏造，其始作俑者是无知的、被大家所排斥的、彻头彻尾的浑蛋。

还有比"知识就是力量"更具真理性的话吗？为了使自己在公司中看起来更具权威性，有人会散布谣言。他们想让大家觉得他们是"有内幕消息的人"，这种人会给组织带来毁灭性的打击。

在为数不多的有关流言蜚语的组织动力学研究中，影响力最大的是安德斯·维德纳斯所做的研究。他现在是斯德哥尔摩大学的教授，曾是瑞典制药巨头阿斯特拉的高管（阿斯特拉后来被合并成为阿斯利康）。维德纳斯表示，在大公司中，一个人可以在一个普通的工作日与 15 个人进行"有意义的对话"。这就是流言蜚语的传播方式：15×15×15。图 15-1 清晰地表达了这一点。

令人毛骨悚然吧！一个人把消息传播给 15 个人已经够糟糕了。但更令人担忧的是，这 15 个人中的每一个人都会与另外的 15 个人进行交流，这意味着可能有 225 个人得到了错误的信息。之后的计算结果就更可怕了：225 × 15 = 3 375。很快，错误的信息便会尽人皆知。

参与信息传播的人越多，信息就越不准确（见图 15-2）。流言蜚语就像丛林之火一样，会从一个小火花演变成大火。要想阻止流言蜚语的传播几乎是不可能的，在你意识到这个问题之前，事情已经变得面目全非了。

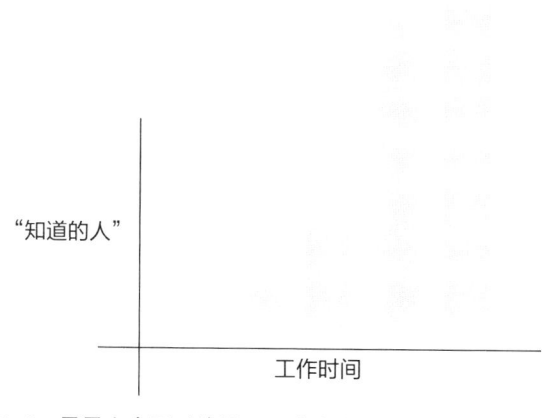

图 15-1　星星之火可以燎原——流言蜚语如何消磨掉你的时光

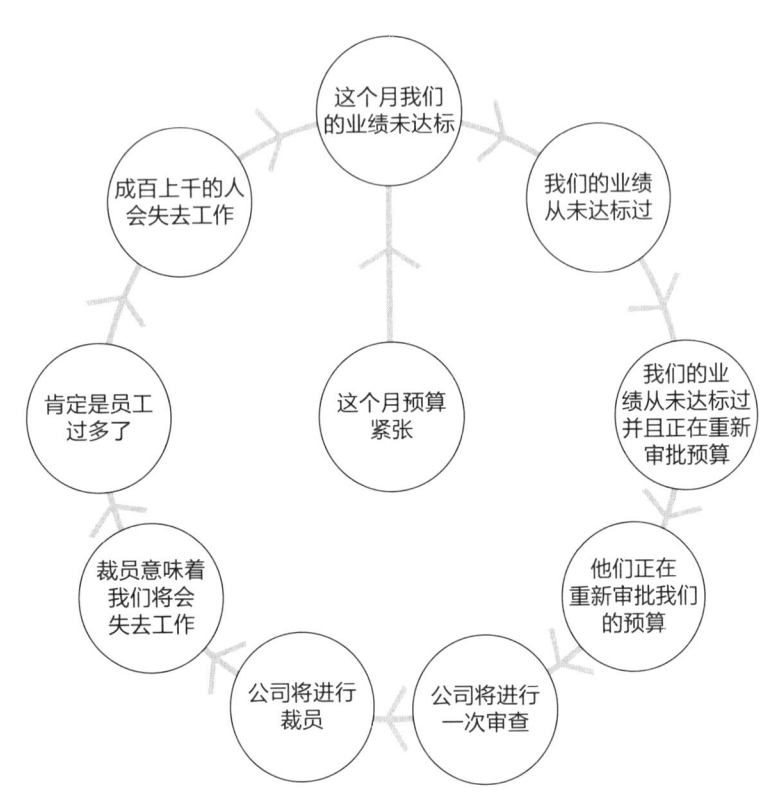

```
         这个月我们
         的业绩未达标
   成百上千的人              我们的业绩
   会失去工作               从未达标过

                                    我们的业
                                    绩从未达标过
   肯定是员工      这个月预算          并且正在重新
   过多了         紧张             审批预算

                                   他们正在
   裁员意味着                        重新审批我们
   我们将会                          的预算
   失去工作

         公司将进行    公司将进行
         裁员        一次审查
```

图 15-2　随着信息传播得越来越广，信息本身也会变得面目全非

遏止流言蜚语的良方

制造流言蜚语的人幼稚无比，而遏止流言蜚语的唯一良方便是与他们进行对质，但这个方法有时会让人不快。"哈利，我得问你一件事，你说过……（复述谣言内容）吗？是这样的吗？"我估计你得到的答案类似于这样："嗯，是的，因为……"不要指望罪魁

祸首会坦白承认，只有心智成熟的人才会这么做，而他们不是！

仅仅直面流言蜚语并不能达到目的，他们可能会说："这肯定是真的，他们都不让我外传。"诀窍是在直面流言蜚语的同时澄清事实："哈利，你说的不是真的。事实是……"所以，为了遏止流言蜚语，你需要了解事实真相。

有时流言蜚语会涉及一些敏感问题，你无法在第一时间进行处理。遇到这种情况时，你可以尝试这么说：

> 哈利，你说的不是真的。我们有充足的理由来说明为什么现在无法对这个问题进行解释，但我们会在接下来的24小时内发表正式声明。我给你的建议是，掌握了全部事实之后再发表言论。

下一步就是确保声明能够如期发出，如果做不到这一点，那么流言蜚语会愈演愈烈。

小贴士

不要以为只有大公司才会出现这种问题，小公司同样会被流言蜚语毁掉，因为小公司也有客户、供应商和合伙人。流言蜚语在公司内部和外部传播，会对公司的信誉和声誉造成实质性损害。

防胜于治

流言蜚语很容易失控，并且很难根除。要想解决这一问题，你就要掌握一个好的沟通策略。有些事情会让员工忧心忡忡并摇唇鼓舌，对此我们很容易就能有所察觉。利用下面的练习，针对一些典型的流言蜚语的诱因，准备一些有效的沟通策略。

练习

如何围绕以下主题实现有效的交流？这需要你花点时间好好思考一下。下表展示的是容易诱发流言蜚语的典型事件。以下结构可以帮助你发布消息，但结尾要有一个积极的注解。

事件	事件经过	影响	积极乐观的观点
销量惨淡	我们的主要竞争对手通过清仓甩卖抢走了我们的大批客户，我们原本希望这些客户能提高这一季度的销售额	我们的销售额没有达到预期	现在，我们的竞争对手已经停业了，客户有望回流，且下一季度的盈利能够补平这一季度的亏空，甚至还会创下新高
损失大订单			
潜在的收购			
关键员工离职			
主要供应商变更			
厂址搬迁			

把正在发生的事情如实相告，可以将流言蜚语扼杀在萌芽中。

很多事情只能在私下里进行交流，比如公司政策、敏感的谈判以及情况微妙且复杂的问题。但请记住：你不说，不代表别人也不说。

解决这一问题的方法是什么呢？很简单，告诉他们对于此事你无可奉告。

> 我知道关于某事（无论什么问题）出现了一些谣言，我很想戳破这些谣言。虽然我现在什么都不能说，但我会在某时（说出一个合理的时间范围）提供一些确切的信息。

记住，一定要言出必行，否则这只会让流言蜚语愈演愈烈。

要点总结

- 流言蜚语的传播速度极快，起因一般是闲聊时不充分的转述，或者是被大家排斥且不依靠事实说话的人在散布。我们要迅速对这些流言蜚语进行处理，以免问题发展到无法控制的地步。

- 处理流言蜚语散播者最简单的方法就是与他们进行对质，同时纠正他们的说法。坚持让他们用事实说话，很快他们就会发现他们无法支持自己的说法。
- 确保你的团队每时每刻都能接收到正确的信息,这也可以预防流言蜚语的产生。

| 第十六章 |

客户真的总是对的吗

> 所有的英国商店店员都是弥尔顿主义者。所有弥尔顿主义者都坚信"他们也要为那些只是站着等待的人提供服务"。
>
> ——乔治·朱凯什

客户总是对的吗？呃，事实上，并不是。好吧，我的意思是：是的，如果你明白我的意思！

客户有时真让人头疼：他们要求高、难相处、极为好斗，但他们又是你的衣食父母。

世界在向前发展。曾经客户会容忍次等品、接受借口、不愿投诉，而现在不会有这种情况了。在这个以消费者为主导、全年全天候无休的经济环境中，即使你不能交付产品，客户也有很多别的选择，他们会购买其他产品。有时，客户会逼你针对"你到底能走多远、如何负担得了"等问题做出重要决定。对你来说，最好以文明的方式结束这段关系，而不是在激烈的争吵中结束。

客户并不总是对的。他们会在不该投诉时投诉，会夸大其词，也会撒谎。坦率地说，客户也可能是彻头彻尾的骗子。有些人滥用消费者保护法，而律师在行使他们新发现的"不赢不收费"的自由权，这些都加剧了对客户的纵容，本来情况可以不这么恶劣。这很残酷，不是吗？但客户总是对的！

真正的诀窍是不要遇到难缠的客户！你说交付什么就交付什么，说什么时候交付就什么时候交付，保证物有所值，并准备好在出现问题时迅速采取行动。如果是这样的话，你根本不需要阅读本章。然而，如果你还生活在现实世界中，那么你可能想瞅上几眼！

与难以相处的客户打交道

不用为过度使用"沟通"一词而道歉，它是良好的员工关系的核心，也是良好的客户关系的核心。当然，沟通是双向的。沟通能让你引起客户的注意，保证你了解客户的需求。当不确定客户的关注重点或者他们也不清楚自己想要什么时，你可以试试这么说："我只是想确认一下我是否正确理解了你的意思。现在我来核对一下，你想要的是……（描述他们的要求）。"这具有双重效果，一是澄清情况，二是复述他们的话。这可以使他们的无理要求显得很愚蠢，甚至使提出这些要求的人显得很愚蠢！

你一旦弄清了情况，就将其写在订单、说明书或者备忘录中。

你想什么时候要

如何应付那些要求苛刻的客户呢？关键是少承诺、多兑现！一定不要搞反了。

和往常一样，试试下面这些话：

> 哦，这是一项艰巨的任务。你给了我们一个真正的挑战，因为我们通常不会那样完成订单，不会把它做成那种颜色，也不会在那个时间段将文书提交系统，但我们会尽最大的努力。

向客户说明你可能无法按时交付，这样的话，如果你按时交付了，客户就会非常满意；要是不能如期交付，你也留下了回旋的余地。

> **练 习**
>
> 真的出了问题吗？那你得去拜访客户。即使你从来不拜访客户，这次也要去。向客户证明他们值得你跑这一趟，值得你花这些时间和成本。看着他们的眼睛，读懂他们的肢体语言，

> 然后说:"我们把事情搞砸了,我来这里是向您道歉的,看看我们可以怎样进行补救。"

避免麻烦

把谈话内容写下来。是不是觉得这样做很枯燥乏味?确实,但一份规范的合同可以使许多人摆脱困境。不要觉得它必须像《马斯特里赫特条约》那么正规,简单记录一下即可:谁要做什么,什么时候做,以什么价格做。有这些内容就足够了。

阐明双方各自的责任和期望是简单易行的好办法。每个人都有忘记事情的时候。如果后面出现了问题,你就可以说:"我看过我们的协议,里面写得很清楚,贵方同意我方这么做(任务或服务是什么),而我们正是这么做的,这一点我想您是认可的。"

十分、非常、特别、极其难相处的客户

试试专属服务吧。指定专人负责那些很有价值但很难相处的客户,并给客户提供一个参照点、一条绿色通道、一个直线电话号码和一个可以联系的人。然后你坐下来等着就行,投诉量一定

会降下来的。很多时候，客户的投诉之所以恶化，是因为投诉没有得到迅速处理，或者是因为处理时间太长，这让失望的客户变成了难缠的客户。如果你让客户可以更容易地"发难"，那他反而就不"发难"了。我说的都是大实话，否则我把书钱退给你！

客户如何经营自己的业务呢？潜在客户或现有客户对你的期望是什么？关于这一点，真正有价值的指南就是看他们如何经营自己的业务。如果他们将一切都经营得井然有序，那这就是一个信号——你也不能邋遢马虎。如果他们在服务客户、按时交货、提供卓越价值方面都享有盛誉，那你就知道自己该做什么了！

提醒客户你有多好

你的产品是否物有所值？你是否可以提供一流的服务？你要把这些信息告诉客户，让他们了解，然后再重复一遍。怎样做呢？可以写在账单上！逐条列出你要收费的各个部分。避免使用以下这种表达：

收件人：

　　Z134 模型的保养和维修。

　　　　　　　　　　总计：250 英镑 + 增值税

你如果要将账单当作广告使用，那么可以这样写：

> 收件人：
>
> 　　在收到请求后 3 小时内到场 + 通过诊断设备找出 Z134 模型的问题 + 用维修车储备的替代部件进行维修 + 重新组装 + 清洁和一般维修 + 到场 45 分钟后使设备重新投入使用。
>
> 　　　　　　　　　　　　总计：250 英镑 + 增值税

反正我知道我更愿意支付哪张账单。

爱尖叫的人

你不喜欢尖叫声吗？婴儿为了引起你的注意总是这样做，而且我们知道这很有效。爱尖叫的人容貌不一、大小不同，身份也各异，可能是顾客、同事、老板、邻居，甚至是家人。对付这些人的办法是一样的，你可以这么做：拿着这本书敲他们的头。

不，不，不！你无论多么想这么做，都要抵制住这种诱惑，万万不可鲁莽行事。和爱尖叫的人相处的第一条法则就是不要加入他们，不要陷入高分贝竞赛。爱尖叫的人都很幼稚，他们如果知道自己看起来有多傻，就不会这么做了。

他们想得到关注，那你就给予他们关注。听着，让他们尖叫。让那些指责、诽谤、暗讽、谩骂、粗鲁在你头顶自由飞翔吧！让他们尽情释放吧！等他们累了，停下来喘息时，你就选择一个好时机，跟他们说点什么。

重要的是选择好时机。虽然你不能使尖叫的人安静下来，但你可以在他们没有尖叫的力气时再说话。所以判断一下当时的情况，然后说："我们能说说问题出在哪儿吗？让我理解一下……（直奔问题）"第一次可能不会奏效，当第二波谩骂过去之后再试一次。坚持，因为这是唯一的办法。

一种让喜欢尖叫的人慢慢停止尖叫的方法是，用比平时稍微轻一点的声音说话。这样，他们就必须集中注意力，专心听你说话。

在打电话

无论情况多么糟糕，都不要挂断电话。如果你这样做了，你就需要处理两个问题：一是处理让他们一开始发脾气的事情，二是解释你把电话挂了的事实。

你可以挂掉电话，但是要说："我现在必须挂电话了，两分钟后我再打给你。"不要只是为了逃避一时的麻烦而这样做，一定要回电话。当你给他们回电话时，他们可能已经冷静下来了。好吧，这就是理论！这通常是很有效的，但如果不管用的话，我也不会把书钱退给你！你要学会保持冷静。

> **小贴士**
>
> 永远不要坐着和在电话里尖叫的人打交道。你站起来的话，音调和音质就会改变。你可以"听到"自己的肢体语言，站起来说话的音调听上去会显得你更感兴趣一些。真的！

在公共场合

如果爱尖叫的人在公共场合大吵大闹，那么你可能会想让他们进入一个更安静、更私人的环境。使用正确的话语和肢体语言。你可以说："好吧，我想我明白了，让我们来弄清真相吧！我们可以去我的办公室吗？这样我可以做些记录。"

接下来改变你的动作，让你的肢体语言发挥作用。把身子转过去一半，朝办公室的大致方向做手势，向前走半步，但要保持眼神交流。

如果你的判断是正确的，那么尖叫者会跟着你。如果不是这样，让他们再叫一会儿，然后再说一遍。

一些人事管理大师告诉你，面对尖叫的人应该这样说："如果你对我大喊大叫，我就不会再继续了。""请不要对我使用那种语言。""请你做事成熟一些。"

但这样做会让情况变得更糟。虽然没有理由为脏话或者侵略性行为做任何辩解，但是强调这一点只会引发更多的麻烦，招致更不好的气氛。

所以保持冷静，不要管它。

如果你的员工大发脾气

他们只是没有控制住，就像火山喷发一样，突然就爆发了！如果他们是你想留住的员工，那么在他们大发脾气之后，情况会很糟糕，但这是可以控制的。

虽然你必须清楚地说明"那种行为"是不被允许的，但不要在事情发生的时候说，不要让他们难堪。等事情结束了，他们本来就会觉得很尴尬，不要让事情变得更糟糕。你可以把这个人带到一个安静的地方，然后说："我们需要解决一下这个问题。我给你几分钟时间整理一下思路，然后我们再一起讨论。"

之后，你要坚持要求对方向听到他发脾气的人道歉，这个道歉不必沉重、悲痛、充满忏悔。"我想你确实应该向他们道歉，和他们消除误会，不是吗？"

即使是最优秀的员工，每隔一段时间也会做出搞笑的事情，当然也会有失态、大发脾气的时候。

诀窍就是让大家回归正常状态，越简单越好。

> **小贴士**
>
> 一旦事情处理完毕,就要避免互相指责或再提起此事。往前看,别翻旧账。

当老板大喊大叫时

当老板勃然大怒时,大家都会躲避,就是这样!老板确实有权力发号施令,现在可不是挑战他们权威的时候。对付所有尖叫者的黄金法则都是让他们把脾气发泄出来,而当尖叫者是老板时,这更是铂金镶钻的法则。安稳地度过这场风暴,在任何情况下都不要回撑老板。

当暴风雨过后,宁静来临,再选择合适的时机跟老板说话:"我知道你很生气,但整件事让所有人都很尴尬。我们能找个时间好好谈谈你到底想要怎么样吗?"

> **小贴士**
>
> 有人发脾气,很可能背后有某种原因,这不仅仅与工作有关。面对这种情况你能做什么?

与非常粗鲁的人打交道，不必以牙还牙

很多时候，人们会在不知不觉中变得粗鲁无礼，这种情况就是职场心理医生所说的过度专注。

他们会随意插话，在你们的谈话中切进切出，打断你的话，垄断整个讨论。你想过他们为什么这么做吗？很多时候，粗鲁源于害羞和不满足。

那个粗鲁无礼的人在插进你们的谈话时，可能看起来并不害羞，但他们内心有一个小小的声音在说："我如果不插话，就永远无法表达我的观点了。"在这种情况下，我们会同情这个粗鲁的人，而不是感到生气。

真正粗鲁无礼的人会垄断谈话，使其他人无法插话。

让他们说下去吧，他们迟早会偏离当前的话题。你要在合适的时刻打断他们，说："这些都很有趣，但与议程项目有什么关系？我们不应该关注……吗？"将这句话当作自己和他人重新加入讨论的一种方式。不要以为你势单力薄，在小组会议中，其他人也会意识到时机已经到来，并支持你的意见。

> **小贴士**
>
> 这个典型的、24K 纯金的、底包铜皮的、百分之百的粗鲁者几乎就是一个恶霸。恶霸需要受害者,但你不要成为那个受害者。

礼貌地走开,稍后再回来。这样会缓和紧张的气氛,同时发出一个信号,表明你不会忍受这种情况!

伪装的粗鲁

在这方面最经典的例子就是挖苦性地赞美或贬低。

你肯定知道这类事情,比如:"布赖恩,销售数据不错,但我认为这不是真正的销售。因为其中大多数订单都来自政府采购部门,他们只是急于在财政年度结束前花掉预算吧?"

这时你千万不要忍,要有自我价值感,对他们说:"谢谢,我在这方面花了很多心血。你所说的'不是真正的销售'是什么意思?"这样你就会看到他们不再那么气势汹汹了。

要点总结

- 良好的沟通是与难相处的客户打交道的关键。一方面,确保你了解他们想要的服务水平或产品标准;另一方面，让他们充分了解你能给他们提供什么。

- 始终做好应急预案，给自己留出更多的时间，这样你就不会承诺过多，而兑现不足。相反，让客户提前看到积极的结果会给他们带去惊喜。
- 可以的话，把双方谈妥的每件事都写下来。
- 不要与客户大喊大叫，要不断缓和气氛，直到你可以跟他们讲道理时再谈，而且要私下进行。
- 粗鲁也可以被化解。让难以相处的、粗鲁的人澄清自己的立场，迫使他们重新组织对话或做出让步。

| 第十七章 |

投诉：我们热爱投诉

成功的六个步骤

碰到大喊大叫的人了吗？哎哟！不让你插话吗？图17-1所示的是处理投诉的万无一失的技巧：

认真倾听，并让对方知道你正在倾听
"只是阐明一下，我的理解是……"

表示同情
"听到你说的这些，我真的很难过。"

不要辩解
"我绝不是想为这个问题辩解，但我想应该解释一下……"

做好记录
"你介意我做记录吗？"

商定行动方案
"你认为我们应该如何推进此事？"

坚持跟进

图17-1 处理投诉的流程

让我们一步一步来。

认真倾听

诀窍在于：认真倾听，并让对方知道你正在倾听。使用肢体语言和提示性动作来表明你在听。

倾听不需要付出任何代价，你越专注，就越能缓和局面。重视投诉者说的话，集中注意力并提出相关问题："确认一下，我的理解是：……"或者"这听起来很糟糕，你能再说一遍吗？"

表示同情

同情并不等于同意，它不意味着承担责任，也不意味着你已经投降了。它的作用是帮助缓和局面。一些适当可用的措辞可以表明你在倾听，而不是试图逃避这种情况。

以下是一些精选的措辞：

- "听到你说的这些，我真的很难过。"
- "这听起来很糟糕。"
- "那对你来说一定很不容易。"

不要辩解

虽然一半的员工因流感请假了,你正在期待的货物没有到货,老板要求你增加销售量,你在上班的路上撞车了,你最小的孩子整夜不停地哭闹,你和你的另一半大吵了一架,但你面前这个愤怒的人对这些事实一点也不感兴趣。

这不是他的问题。

无论有什么原因,无论有什么问题,现在都不是解释的时候。

稍后你会有时间解释为什么事情明显出了问题,但现在还不是时候,还为时过早,现在是听投诉的时候。在适当的时候,你可以说:

> 我并不是试图辩解,但你确实需要知道我们的仓库发生了火灾,所有的货物都在那儿。我知道这批货很紧急,我会看看能做些什么来补救。

> **小贴士**
>
> 不要说下面这些话:
> - "我简直不敢相信。"
> - "你骗我。"
> - "这不可能是真的。"

> - "你在开玩笑。"
> - "什么？不，当然不是！"

即使不相信，你也没有必要把向你投诉的人说成骗子或暗示你认为他是骗子，这样做只会让情况变得更糟。现在的目的是缓和这种局面，处理投诉，争取把损失降到最小，然后继续各自的生活。

做好记录

有人把你的投诉内容写下来会让你感到安心。

我在这里说的是简单记录一下：谁投诉的，什么时候投诉的，以及投诉的内容。为什么要这样做呢？首先，它可以强化倾听的信息；其次，如果以后一切都失控了，那么当时做的笔记可能会起到关键的作用。

当时所做的投诉总结通常是对已发生事件的可靠记录，而且那时投诉者还没来得及激化问题或者要求赔偿。

商定行动方案

好吧，你下一步打算做什么？你认真倾听投诉，表示了同情，做好了记录。然后呢？那就是商定一个解决方案。具体怎做呢？你要这样问：

- "你认为我们应该如何推进此事？"
- "你想让我怎么处理此事？"
- "你认为如何解决这个问题？"

通过问这类问题，你可以对需要做多少工作才能把这个问题解决掉形成预期。这并不意味着你要投降或找理由推诿，它只是让你知道解决这个问题可能需要做哪些事情。

也许投诉者的要求是合理的，而且在你的职责范围内，你可以满足。如果是这种情况，那事情就解决了。

但他们也可能提出超出你的职责范围的要求，或者整件事情看起来像是一个事先安排好的骗局。在这种情况下，你还需要一些适当的措辞：

- "我知道你希望我弄清真相，所以我想请你给我几个小时/几天的时间来好好调查一下此事。"
- "我无权批准你的要求，我会把此事上报给经理，请他们决定。"
- "这件事牵涉到好几个人，我得请你给我一些时间来处理。"
- "我觉得这件事很严重，我也知道你不希望别人掺和进来。

我需要时间进行适当的调查。"

下一个环节是处理投诉的关键，没有这一点，所有其他的行动都是在浪费时间。

坚持跟进

换句话说，就是兑现你的承诺。如果你答应了今天下午调查过后给某人回电话，就请务必这样做。还没有消息吗？或者还没有得到可以回复对方的任何信息吗？即使这样，你也要回电话："我知道我答应过一旦做完调查，今天下午就给你回电话。但不幸的是，我要找的那个人一整天都不在公司里。他明天会回来，我会找他谈谈，明天午饭前再给你打电话。"如果仍然没有消息，你就再这样做。坚持跟进，直到你有了解决的办法。

你承诺要给客户邮寄一个新部件、一个额外的装置或者一个替换部件吗？赶紧邮寄吧，否则就打电话解释你为什么没有寄，并且商定另一个邮寄时间。坚持跟进是处理投诉最重要的一个环节。

> **小贴士**
>
> 如果你不能坚持跟进，情况就很容易变得更糟。电话、信件、电子邮件，不管是什么，说到就要做到。即使你不能按时

> 交付你承诺的东西,也要给对方回个电话告知进展,然后与对方重新商定另一个期限。

那么,我们能怎样回复呢?你可以参考以下说法:

布洛格斯太太,我需要仔细听听你说的建议。我们能到我的办公室去吗?这样我可以把你的话记下来。

哦,天哪,听起来是我们让你失望了 / 这太令人失望了 / 你一定对我们很不满。

让我把你所说的话好好记下来。你能再说一遍吗?

我无权批准你要求我做的事情。但是我的主管 / 老板,也就是总经理,今天下午会来,我会请他帮忙,并在下班之前给你回电话。

一定要回电话。

如果你是像下面这样说的,就请把前几页内容再读一遍:

真不敢相信我们竟然会犯这种错。问题是我们有三名员工因流感请假了,我们的订单进度确实落后了。我不确定什么时候才能解决这个问题。顺便问一下,你刚才说你叫什么名字？

每个公司偶尔都会出错，做错事情并不是什么大罪。犯错却不改正，或者经常犯错，或者最糟糕的是犯错而不自知，那就是一种罪过了。

> **小贴士**
>
> 诀窍在于：从错误和功亏一篑中吸取教训。

公司要以开放的态度对待投诉和员工的失误，这样的公司会更好地改进自身的机制、流程和方法。错误和投诉会耗费一定的时间和金钱，但同时它们也是机会。

> **小贴士**
>
> 如果处理得当，投诉的客户可以成为你们公司的拥护者和支持者。

要对客户的投诉进行审核与分析，并将其当作一个契机来提高绩效，而不是将其当作你的负担。

练　习

想象一下如果有客户投诉，或者回想一下你过去收到的投诉，使用我们前面谈到的流程进行处理吧。

- 认真倾听：
- 表示同情：
- 不要辩解：
- 做好记录：
- 商定行动方案：
- 坚持跟进：

要点总结

- 处理投诉有六个步骤：倾听投诉，同情投诉人，不要为自己辩解或找借口，做好记录，与投诉人商定解决方案，坚持跟进商定好的行动方案。

| 第十八章 |

电子邮件给你的办公场所带来的问题

你现在一定已经习惯了办公室笑话,大家开怀大笑,那是纯粹的快乐。以前有人在茶水间或食堂里讲笑话;后来有人用新式施乐复印机复印有趣的卡通图片;现在又有了电子邮件、即时通信工具等载体。

这就更难办了,办公室里爱讲笑话的人有了新"玩具"。更重要的是,这已经不是一个办公室玩笑大王的问题了,还有其他办公室玩笑大王,因为无论远近,他们都可以把各种笑料扔到你的系统里。

淫秽的笑话、下流的图片、令人难以接受的故事在电子邮件系统中得以迅速传播,并被肆意转发。起诉、传票和较量都只有一封电子邮件的距离。问题从内部开始,然而如果管理层对此毫无戒心的话,压力就会从外部再反馈回来。

除非你能控制住办公室里的玩笑大王、种族主义者和有淫秽想法的人,否则就会出现问题。有些公司没有合理的电子邮件政策和规划,已经引发了各种诉讼,这些诉讼从性别歧视到泄密,各种各样,很是棘手。

> **小贴士**
> 制定电子邮件政策是一个优秀的公司运营事务的基本方式。

电子邮件很容易被伪造或篡改,显示出来的信息同样可以被伪造。在一些系统中,把空白电子邮件植入历史文件记录,你就可以在随后的任何时间返回到这个空白电子邮件并按你的心意随意填充内容。这个把戏可以骗过所有人,甚至是有经验的观察者。

一个防篡改的存储系统并不便宜,而且它吞掉一个存储盘的速度比美国白蚁蛀空一栋房子的速度还要快。

如果你发现有人在传播恶趣味的电子邮件,可以试试这样说:

> 弗雷德,我知道你觉得这种事情很有趣,对某些人来说也许的确如此,但对其他人来说这就是一种冒犯。我不能拿公司的声誉开玩笑,我们会有被诉诸法律、被告上法庭的风险。我告诉你必须停止这种行为。如果再发生这样的事情,你会收到一份正式警告,面临纪律处分。

避免电子邮件失策

以下是避免电子邮件失策的六个方法:

- 使用"屏幕信息"来告诫所有员工，让他们重视公司对电子邮件管理的规定。使用屏幕保护程序，就可以零成本做到这一点。
- 跟大家说明电子邮件不是机密的，会受到例行监控。更重要的是，要强调电子邮件不能替代过去在食堂、厕所或电梯里进行的那种交流。
- 杜绝电子邮件中的流言蜚语。公司要禁止员工发送私人邮件、笑话、色情材料和其他非业务信息。
- 在公司内部组织电子邮件培训，帮助员工理解这些规则。如果后期发生意外，这也可以让法院相信你已经认真履行了职责。请将电子邮件政策纳入雇佣合同。
- 安装一个程序来监测电子邮件的关键词和短语，以标记不恰当的内容。
- 立刻制定存档政策：保存什么，保存多长时间，如何保存，由谁负责。估算一下电子存档过程的成本，并为此做预算，费用可能比你想象的要多。

练 习

创建自己的电子邮件核对清单并分发给员工。如果可以的话，开个会以确保每个人都理解了清单上的内容，并鼓励大家提问。对电子邮件带来的问题进行公开讨论，这对你和你的团队都非常有价值。

要点总结

- 电子邮件很有可能成为一个大问题，它使不适合办公场所的材料得到广泛传播，并有可能威胁到你和公司的声誉。
- 不良的电子邮件行为一经出现就要立即处理，若有难以沟通的电子邮件用户，你就要向他们讲述相关的电子邮件政策。

| 第十九章 |

社交网络

社交网络是一种生活方式。人们可以在网上讨论八卦，和别人保持联系，还有比这更简单的方式吗？它已经成为我们日常生活的一部分。

　　发送一两封电子邮件，在脸书上发布一张度假照片，发布一则推文，所有这些都很有趣。但也只是好玩儿，仅此而已。

　　它们虽然可以成为乐趣，但也可以变成更险恶的或令人担忧的事情。

　　首先，你要意识到不仅仅是你的朋友会看到你在脸书上和其他地方更新的动态，这一点非常重要。越来越多的雇主以及招聘者，在考虑向你提供一份你梦寐以求的工作之前，或是给你渴望已久的晋升之前，也都会先在网上进行搜索。

　　一条不明智的帖子可以让你应聘失败。

　　另外，你展现自己的个性状态与私人生活，对那些不喜欢你、嫉妒你、羡慕你或者只是单纯喜欢恶作剧的人来说就是一种变相的邀请，他们因此得以偷窥。

给聪明人的话

> **练 习**
>
> "母亲测试"
>
> 不要在脸书、推特、领英或任何其他社交媒体网站上发布你不愿意让你妈妈看到的动态或声明!
>
> 如果这些网站上的某张照片让你看起来不那么端庄、不那么明智,就马上删除吧。这些照片可能是你五年前在希腊岛上度过美好时光时拍的快照,但几乎可以肯定的是,它们在某一天会给你造成困扰。毕竟我们都有必须长大的时候!
>
> 还不知道怎么做吗?问路过的十岁小孩吧!

网络暴力是什么

网络暴力与其他的霸凌行为没有什么区别。

- 霸凌者就是欺负你的人,他想强迫你同意或者去做你并不真正想做的事情,让你恼火和反感。往重了说,霸凌者是胁迫者、骚扰者、威吓者,通常傲慢无礼。往轻了说,霸凌者是恫吓者、压迫者和迫害者。他们是害群之马,以折磨人为乐,实际上都是胆小怕事的懦夫。人们之所以成为霸凌者，通常是因为他们在人生的某个阶段被别人欺负过，他们知道欺负人的威力。
- 网暴者也不例外，只不过他们是利用技术手段来做到这一点的。技术创造了匿名的可能性，使得网暴者的霸凌行为变得更加容易。过去，他们得面对面才能欺凌弱小者，或是使用信件，后来还可以用电话。现如今有了电子邮件、即时通信软件、网页和数码照片等，这一切都让霸凌行为变得容易多了。

这是对霸凌的恰当定义：

当一个人反复地、长期地暴露在由一个人或多个人造成的负面行为下而难以自卫时，就是受到了霸凌。

这个定义有三个重要的组成部分。

- 霸凌是一种攻击性行为，包括不受欢迎的消极行为。
- 霸凌涉及一种长期的行为模式。
- 霸凌涉及权力或力量的不平衡。

只需按一下按钮，就可以发布残酷的或令人尴尬的谣言，对别人进行威胁、骚扰甚至纠缠，这比以前容易太多了。

青少年尤其容易受到伤害，霸凌已经从操场转移到了屏幕上。

而霸凌现象在职场也变得越来越普遍，现在有许多律师事务所专门从事这方面的工作。霍奇·哈尔索尔就是这样一家公司，它创建了一个列表，列出了种种可能的霸凌行为（不管它们是不是"电子形式的"）：

- 在电子邮件中甚至面对面时使用辱骂性、侮辱性或冒犯性的语言。
- 通过手势、讽刺、批评和侮辱等手段，有时是用下流的、不适宜的照片或笑话，使人感到尴尬，甚至羞辱他人。
- 老板或主管设定了不切实际的目标、难以完成的最后期限，或者分配了超出个人能力或技术水平的任务。
- 故意隐瞒或不提供正确的信息，或者拒绝他人获取信息或资源，甚至不传递信息，以此来破坏或妨碍他人的工作。
- 不合理的批评，通常是持续地对琐碎的、不相干的、无关紧要的事情进行批评。
- 通过电子邮件、短信或电话发送攻击性信息。
- 将某人当成恶作剧的对象。
- 故意将某人排除在职场活动之外。

致力于解决职场霸凌问题的英国慈善机构安德里亚·亚当斯信托基金表示,由于霸凌的形式多种多样,发生的环境各不相同,因此要定义霸凌并不简单。但它评论说:"霸凌是一个逐渐削弱、消磨的过程,使人感到自己被贬低,永远无法做好任何事情,而且感到没有希望。这种情况不仅发生在工作环境中,家庭生活中也是如此。"

管理不善

在工作场所,无论是网络暴力还是个人霸凌,糟糕的管理几乎总是其根源。如果霸凌者认为他们可以逃脱惩罚,他们就会这样做。好的管理者应该迅速采取行动将这种现象消灭。

职场仲裁机构英国咨询调解和仲裁局表示,在管理水平差、投诉处理程序不完善的组织中最可能发生霸凌行为。英国咨询调解和仲裁局告诉我们,霸凌可能会因如下因素而成为一个大问题:

- 专制的管理风格;
- 未能解决以前发生的霸凌事件;
- 不切实际的目标或最后期限;
- 偏见和歧视;
- 同事或经理的性格问题;

- 不合理的绩效管理体系。

这太简单了

隐藏在灌木丛似的互联网中是很容易的，建立一个匿名的电子邮件账户就更容易了。霸凌者不一定非得是技术专家，只要他有决心、有条理，就可以利用互联网的这种隐蔽性。

因为无须面对面的接触，霸凌者（大多是懦夫）发现坐在电脑屏幕前更容易对人们的生活造成破坏。虽然在按下"发送"按钮时，他们是隐形的，但他们发送的内容会立即被数百人、数千人，甚至数百万人看到。

网络暴力实施起来这么容易，往往会使霸凌者做出更严重的行为。

你能做什么让自己免受网络暴力

- 如果你使用社交媒体，请认真考虑你发布的内容。使用"母亲测试"，通过限制可以了解你的个人活动、生活方式、喜好习惯的人数，使霸凌者难以获得足够的信息来进行更大的破坏，从而降低你成为受害者的风险。限制关注人数也会让你更容易识别霸凌者。

- 尽量避免情况恶化。你应不惜一切代价，避免事态升级！根据情况的严重程度，最好的应对方法就是不做回应。霸凌者靠人们的回应"成长壮大"，他们想知道自己的影响力有多大。考虑更改你的个人电子邮件地址、关闭社交媒体网站，这样做看似是霸凌者赢了，其实不然。这会使他们暂时失去目标，当然他们也可能会继续缠着你。如果他们跟踪到了你的新地址，那么新的问题就出现了，这时你就更有理由采取法律行动，与警察聊聊了。
- 保存相关记录。尽管保存这些记录会让你很痛苦，但不管"按删除键"的诱惑有多大，你都不要去按，要保留所有的证据。将电子邮件保存在"证据"文件夹中，如果无法下载那些冒犯性内容，请截屏保存证据。

练 习

学习如何截屏。

学会如何截屏后，你要将截屏内容打印出来，写上日期和时间，存放在安全的地方。

你如果遭遇了霸凌，一定要报告——不要隐瞒！报告给经理、经理的上级、警察、工会或专业机构的代表。如果你的工作单位有人力资源部门的话，就向他们报告。

你不是孤身一人

2005年,英国贸易与工业部进行了一项职场调查,名为"工作公平待遇调查"。其中,5%的受访者表示在过去两年中遭遇过霸凌或骚扰。

超过10%的人表示,他们知道有其他人在同一时期遭遇过霸凌或骚扰。

最近的调查证实,职场霸凌正变得越来越普遍。

法律教会我们什么

法律规定雇主必须提供最低限度的申诉程序。从《2002年就业法案(争议解决)2004年条例》开始,到2008年的审查修改,再加上在此期间发布的各种修正案和新的指导方针,一系列的法律文件应运而生。

基本原则是建立一个标准的申诉流程,分为三个步骤:

第一步:雇员必须以书面形式提出申诉,并提交给雇主。

第二步:雇主必须邀请雇员参加与其申诉事宜相关的会议,且会议结束后,雇主必须通知雇员对其申诉做出的决定,并告知他对该决定有提出上诉的权利。

第三步:如果雇员告知雇主他希望上诉,那么雇主必须邀请雇员参加上诉会议，而且之后雇主必须将最终决定告知雇员。

在雇佣关系已经结束的情况下，申诉流程则需要修改。

所有雇主都应该制定有明确指导方针的反霸凌政策。下面的清单可以帮助你了解基本情况。

检查清单：

- 雇主是否承诺营造一个无霸凌的工作环境？
- 雇主是否确认不容忍霸凌行为，并详细说明过违反公司规定的后果？
- 雇主是否描述了哪些行为是可以接受的，哪些行为是不可接受的？
- 雇主是否说明了受害者在哪里获得帮助以及如何获得帮助？
- 雇主是否明确承诺举报职场霸凌的员工不会遭到报复？
- 对于那些因霸凌他人、伤害他人而受到投诉的人，或者那些进行恶意申诉、无意义申诉的人，雇主是否概述了对他们采取的相关措施？
- 雇主是否确保发生职场霸凌时立即采取行动？
- 雇主是否提供了明确的申诉流程？
- 雇主是否详述了为受害者提供的咨询及支持服务？
- 雇主是否承诺保守秘密？

该政策应随时可为所有雇员使用。

> **小贴士**
>
> 杜绝霸凌行为符合雇主的利益，因为霸凌可能会导致生产力低下、缺勤和很高的员工流失率。
>
> 据估计，英国每年因职场霸凌而造成的损失高达20亿英镑。

如果你在网络上或现实中遭受了霸凌怎么办

最简单的解决办法就是直面霸凌者，要求他们停止霸凌。这并非总是可行的，要视情况而定。然而，霸凌者往往都是懦夫，他们需要朋友在身边壮胆，所以最好私下去找霸凌者，对他说：

> 我知道你发的所有关于我的邮件以及你在脸书上对我的评论。我相信你的本意只是为了找点儿乐子，但坦白说你有点过分了。你写的内容、发布的帖子和说过的话，我都已进行了保存，要么你现在停止，要么我采取一切可以采取的行动让你停止。我会向管理层、人力资源部门、工会代表或者警察举报你。请就此打住，到此为止！明白吗？

这很难做到，而且并不适用于所有情况。但要记住，霸凌者都是懦夫，他们很少能应付面对面的对抗。重要的是你要说到做到，否则你会被视为软弱无能的人，那么霸凌者就赢了。

记住：

- 详细记录事件发生的过程，保存相关的邮件、帖子以及推特内容，包括事情发生的日期、时间、地点，说了什么或做了什么，以及愿意支持你的证人的姓名。
- 从朋友或工会代表那里获得支持。
- 通过采取积极的行动来应对霸凌，重新控制局面。如果可以的话，要直面霸凌者，说到的事一定要做到。
- 是否有反职场霸凌的相关政策？认真阅读并严格执行。
- 一旦发生霸凌行为，就要立即提请管理层注意，不要坐以待毙。
- 提交正式申诉。

不管是在网络上还是在办公室里，霸凌就是霸凌。你要迅速采取行动，不要拖延。

- 学会识别霸凌的手法。网上的对话和评论很容易隐藏一个人的真实意图，有时让人难以识别好坏，一句无心的话也很容易被误解。以下情况可能是某人试图霸凌你的迹象：

——针对你、你的朋友和你关心的事物，发表恐吓、不友善或下流的帖子。

——对你所发布的内容进行持续的辱骂，例如：你为什么要发这种愚蠢的东西？？？？你真是浪费空间！！！

——持续使用大量的标点符号，例如：什么鬼？！！！这种做法旨在不加掩饰地充分强调一个信息。

——用所有字母大写这种形式彰显一种威胁性的态度。

> **小贴士**
>
> 根据网络礼仪来看，把所有字母大写相当于人们的大喊大叫，要是这条信息中有负面词汇或消极暗示，你就可以认为它是一种恐吓。

——在网络上发布贬低你的照片或视频，或在照片中给你贴上负面的标签，这些可能都是你未来要遭遇的一切的暗示。

——使用具有威胁性、骚扰性的污言秽语。

——有人在脸书上建立了一个以你为主题的小组，例如"讨厌珍妮特·B 的 10 个理由"以及"为什么伊恩是个没用的经理"。
- 找找规律。可以肯定的是，让你不安的事情不仅仅是一条愚蠢的侮辱性评论，也绝不会只出现一次。如果只出现一次，那可能是草率而为的无心之失。但如果这种评论再次出现，你就可以认为他是故意为之了。这是否反映了这个人在现实生活中对你的态度？你能从他们的日常行为中看出些许端倪吗？

  有些事仅发生一次可能就足以证明那是骚扰行为，比如威胁你或在你的照片上添加暗示性的评论等。

- 让霸凌者停止霸凌。要做到这一点，要求对方停止骚扰你可能就够了。一开始你可以悄悄地给他们发消息。如果他们知错不改，你就将要求公之于众；一旦知道你的其他朋友也可以浏览相关内容，他们就会因羞愧而停止霸凌行为。霸凌者通常都是懦夫，一遇到挑战就会退缩。

  如果霸凌者是你在工作中认识的人，那么你就提醒他们在网络上保持专业风范，提醒他们留言板会有很多人阅读，人们对他们会产生像你一样的看法。如果他们发布令人不快的评论，其他人也会看到。

- 跟亲密的朋友谈谈发生的事情。他们也可以留言要求霸凌者停止霸凌行为，并公开明确表示霸凌者的行为是不受欢迎的、不能容忍的。

- 不要屈尊参与他们的游戏。你可能觉得用电脑以同样的方式做出回应会更安全，但这只会使情况愈演愈烈，并最终导致现实生活中的冲突。千万不要拖延，要及时阻止霸凌者的行为。

- 举报霸凌者。如果你一直对霸凌者非常友好，但霸凌者却没有收手，那你就没有必要那么客气了——对这些令你不安的行为进行举报！联系脸书的管理员；保留记录和截图，概述事实以及霸凌行为对你的影响，表明你希望删除这些冒犯性的内容，并要求管理员采取行动。想要了解更多相关信息，请点击查阅脸书网站自有说明，网址是 http://www.facebook.com/ help/。

　　如果你受到了人身威胁、种族歧视，或者你的照片或视频被 PS 图像处理软件修改，造成了假象，你就应该让警方介入。

- 注销账户。如果使用社交媒体让你很不开心，感觉事情失去控制，或者让你觉得曝光过度，你就可以考虑注销它。以后你可以再注册新的账户。

小贴士

如果要求脸书删除以前的页面，你就要做好等待的准备——它以拖延著称。

最后一点想法：你要脸书页面干什么？对于管理者和商界人士来说，领英可能是一个更好的选择。

要点总结

- 新技术使得传统意义上的霸凌者可以躲在电脑屏幕后面匿名行动，正如懦夫的行径一样，这是难以阻止的。
- 严格筛选你在网上发布的内容，从而减少遭受网络暴力的风险。如果受到网络暴力，你应该保留一切记录，并向其他人寻求帮助。
- 必要的话，你可以让管理层、工会或警察介入，但绝不要退缩。

第二十章
线上工作

开会是你的工作，所以你要认真对待。为了让开会变得生动有趣，我们必须学会以不同的方式对待它。

回顾新冠肺炎疫情，我们把它视为一个毁灭性的灾难时期。我们遭受了巨大的损失，承受着巨大的悲伤和哀痛，这让我们深刻铭记。然而，疫情也引发了巨大的变革、创新，改变了人们的行事方式。如果说新冠肺炎疫情带来了什么好处的话，其中一个就是它改变了我们工作和见面的方式。

公司开始使用虚拟会议、电话会议、Zoom、Teams、网络研讨会和定制会议平台等。大多数技术已经以这样或那样的形式存在一段时间了。英国电信有一个分辨率非常高的平台，供科学家和国家医疗服务系统使用。Zoom作为一个会议软件已经开始受到重视，电话会议也变得无处不在。因为新冠肺炎疫情要求人们保持社交距离，所以一切有了跳跃性的开始。

这种趋势会一直持续下去吗

不要忘了，我们都在走向绿色生活。减少日常生活和工作中的碳足迹正在被写入法律。旅行、住酒店、举行会议和在办公场所办公都会增加碳排放，远程工作将为减少碳排放做出巨大贡献。

这就是有趣的部分了。公司会问自己："我们的员工可以在厨房的桌子上工作，通过笔记本电脑看文件并相互交谈，同时可以在家照顾放学回家的孩子。既然这样，我们还需要大型办公室和巨额的管理费用吗？"

阿莉森·齐默尔曼在伦敦政经学院的博客上写道：

> 疫情暴发前，许多管理者会嘲笑允许员工远程工作的想法。而现在，随着未来工作模式的加速转变，公司已经看到人们在家工作是如何变得更加高效的。

她引用了塔拉·范·波曼梅尔博士2021年发布的一份报告中的话，称："远程工作可以提高工作效率，遏制工作倦怠。"

- 如果员工可以选择远程工作，比如灵活的工作地点、分布式团队工作和在家工作，那么工作倦怠感会减少26%。

- 公司的创新能力提高 63%，工作参与度提高 75%。
- 如果有育儿责任的女性能够远程工作，那么其离职的可能性会降低 32%。
- 组织公信力提高 68%。
- 93% 的员工会认为自己有被包容的感觉。

报告还指出，如果经理有同理心，员工又可以远程工作的话，那么员工的工作倦怠感会进一步降低 43%。经理对员工生活状况的关心、关注和理解，对所有员工来说都是重要的支持，对有孩子的女性来说更是如此。

我不知道你是怎么想的，但在我看来，这种远程工作的趋势会一直持续下去。

远程技术曾经广受质疑，现在它的价值已经得到证明，许多公司已经准备把远程技术作为日常管理技术的一部分了。

虚拟合作将重新界定我们的工作方式

我们已经学会如何克服坐在屏幕前的尴尬了。谁没有过开会迟到却不肯承认是因为技术不熟练而无法入会的经历呢？

现在，Zoom、MS Teams、谷歌环聊、会易通、新的加强版视屏通话和许多其他软件都在帮助我们进行远程工作，将我们的餐桌与世界各地的任何地方连接起来，当然还有办公室。

为了充分利用这些技术，我们需要遵循一些新的规则，改变一些做法，并提出一些新的想法，使在屏幕上进行的会议与面对面会议的效果一样好，甚至比面对面会议的效果更好！

改变我们对会议的看法

面对面开会是为了讨论严肃的事情。现在很多会议都转移到了线上，我们需要这种不同的方法。发送电子邮件，召开 Zoom 会议或 MS Teams 会议，将一组人召集到线上，这些都是轻而易举可以做到的事情。

是不是太容易了？

时间就是金钱，所以你要经常问自己："这个会议有必要开吗？时间是不是太长了？"

> **练习**
>
> 花点时间估算一下会议的成本。估计一下参会人员的工资，计算一下每小时的会议成本，你会大吃一惊的！把这些成本写在一张大纸上，贴在你身后的墙上。
>
> 提醒大家："这是本次会议的开销，要把它当作一笔投资！"

> 这就是为什么视频会议的准备工作非常重要，也许比面对面会议的准备工作更重要。

每个人都知道如何使用该技术吗

你可能做梦都想不到没有桌子、椅子就可以开会。而现在，只要有软件这个重要装备就可以了。如果大家都在等着了，却还有人在学习如何登录会是一件非常浪费时间的事情，而且每个人都会感到尴尬。

只要坚持使用一个软件，随着时间的推移，人们应该就会掌握它的窍门，但随后总会有新人加入或者有访客进入这个程序。

聪明一点的做法是：

- 为新加入者准备一份简单的小册子，让他们知道如何进入会议。
- 你如果要主持会议，就需要熟悉如何使用虚拟白板、如何进行屏幕共享、如何演示幻灯片和屏幕上的笔记等。

你可以不懂背后的原理，但不懂如何使用却是不可以的。

我们要清楚一点：这是一种新常态。有些软件允许你使用背景图片，如海滩和阳光明媚的草地，这些背景图片适合与朋友和家人交谈时使用，但不适合用于工作场合。它们会暴露出这样一个信息，那就是你更愿意在海滩上享受，而不愿意在会议室开会。找一些适合工作的背景图吧。

你如果需要模糊背景，就看看是否有"模糊"功能（MS Teams 和 Zoom 中都有），或者选择一种普通的背景色也可以。

> **小贴士**
>
> 确保你的背景不会令人尴尬，不要有成堆的衣服、家庭照片或堆放得乱七八糟的书架。

将网络摄像头或笔记本电脑上的摄像头放置在和眼睛同等高度的位置，避免低头看屏幕，因为那样看起来像是在向别人抛媚眼，也不要给别人看你的鼻孔，那样并不好看。

需要光线的时候，把光源放在相机后面。情况允许的话，面对着窗户开视频。如果光源在身后的话，灯光会把你的脸照得像剪影，我们将无法看到你迷人的微笑，而且这会让你看起来像正在被教育的罪犯。

如果可以的话，把摄像头推到离你至少一臂的距离。努力做到电视新闻上的那种构图方式，这样的话，你的脸不会覆盖整个屏幕，别人看起来会很舒服。

> **小贴士**
>
> 虚拟会议一般不应超过45分钟，20分钟是最好的。

研究表明，虽然面对面会议会让人感觉累，但虚拟会议会让人更加疲惫，因为一直盯着屏幕是很累人的事情。

这意味着我们要做好准备工作。

- 密切关注会议议程，为每个项目设定时间限制，并显示在议程上，以便每个人都对会议内容有所了解。
- 确保讲解的人都做好了充分的准备，当会议进行到他们的部分时，他们知道如何将幻灯片、图表或视频材料分享到屏幕上。
- 如果他们不知如何操作，那么我们就要确保提前拿到他们的文件，让一个精通技术的志愿者负责整理上传，以便准时进行展示。

虚拟会议真正的敌人是无聊或者缺乏参与

在面对面会议中不会出现打瞌睡的情况，但是在虚拟会议中，人们可以点击关闭麦克风、关闭视频，然后忙于处理网上购物订单、回复电子邮件等。

所以我们需要付出一些努力使会议尽可能地具有互动性。我们可以利用软件创造机会开展以下互动：

- 投票；
- 分享笔记；
- 现场评论；
- 用白板记录会议期间产生的想法和意见。

如果情况允许的话，禁止麦克风静音和关闭视频。从一开始就说明这虽是一个虚拟会议，但你期待大家真正参与。

如果参会者不说话，那你就邀请他们发表意见，让他们参与进来。寻求大家的意见和想法，提出自发性问题，都可以让人们保持警觉，关注会议内容。

确保大家的想法和意见都得到了整理，并鼓励人们从"共享屏幕"上进行下载，保持专注并完成会议安排的工作。

确保所有的数据和报告都准备到位，可以与议程一起发出。要严肃对待议程，对于所有的会议来说，议程就是路线图，切不可忽视它们。对于虚拟会议来说，议程更加重要，请妥善制定议程并坚持执行。没有比因为信息不到位而不得不搁置一个决议更糟糕的情况了。议程对犹豫不决的人和心存疑问的人来说太重要了。

不了解所有信息，我怎么可能做出决定呢？

你一定不想听到这个，所以要设定一个截止日期来接收和汇总所有的议程文件。

线上会议没有直接的眼神交流，要打断别人非常困难，所以主持人的角色非常重要。主持人需要密切关注谁想发言，谁没有发言，谁在占据屏幕。

因为线上会议很容易跑题，所以主持人要准备好这么说：

> 我知道这很有趣，我们可以回头再讨论。现在我们有很多事情要做，我们必须专注于这个项目。

要小心那些会改变议程的人！如果议程很复杂且时间很紧张的话，就要为议程中的每个项目设定一个时间表，这个 15 分钟，那个 20 分钟。这样的话，安排在议程最后的项目也会得到公平的对待。

线上会议不是即兴发挥、没有条理、完不成工作的借口。

会后什么都不用做了吗

点击红色按钮离开会议，工作就完成了。喔，不！不是这样的！

要把会议当成接下来开展工作的蓝图。有些会议软件可以录制会议内容，这对我们很有帮助。如果不可以录制，我们就自己把行动任务记下来。大多数会议软件都有白板功能，可以让你在屏幕上记下行动任务及其负责人。

通常情况下，所有人都可以下载这些笔记，主持人也可以转发给所有人。

要确保任务已得到合理分配，相关人员明确知道自己所负责的项目，并接收了任务及其完成的时间。一定要避免到下次会议时却发现有任务没有完成，没有比这更糟糕的情况了。

不要害怕设定临时基准，要给大家打电话了解他们的进展情况。他们能在商定的最后期限前完成自己的任务吗？他们是否需要一些帮助？

面对面会议就是实际的工作，而线上会议需要额外的努力再加实际的工作。

开会就要起到开会的作用。告诉人们，你需要当机立断，而不是拖拖拉拉；你需要向前推进，而不是停滞不前；你需要改革创新、优秀的想法和解决方案。

> **要点总结**
>
> - 穿什么衣服参会呢？虚拟会议是商务活动，所以穿着要得体。所有人都会在屏幕上看到你，所以不要穿花里胡

哨的衣服，不要佩戴叮叮当当的耳环和浮华夸张的珠宝，这会分散大家的注意力。

- 如果情况允许，尽量不要戴耳机。但如果有大量的背景噪声，你就必须戴耳机了。
- 你可以在一个有地毯和窗帘的房间里工作，这样可以减少空洞房间产生的回音，让声音听起来更清晰一些。
- 设定好镜头的框架布局。确保你的眼睛处在屏幕下方三分之一处。避免头部上面留有过多的空间，否则会显得你没有威严。说话时，要直视摄像头。如果你向下看，会显得居高临下；如果你抬头往上看，会显得茫然无措。
- 要比平时更有活力一些。使用面部表情和手势提供更多的视觉线索，比如：点头，微笑，听的时候身体往后靠，要说话时身体向前倾并张开嘴。
- 不到万不得已不要使用智能手机。如果你必须使用智能手机，那么你千万不要用手拿着它，因为轻微的晃动都会被大屏幕放大。把它支撑起来放在安全的地方，这样你的手就可以用来做笔记了。
- 尽量让自己在会议软件上的视图小于全屏，并尽可能将它移到靠近摄像机镜头的位置。这样你看起来就像在直视摄像机，而不是在看着屏幕的底部或中部或左边或右边等其他地方。

- 关闭会发出提示音的应用程序，这种声音很令人恼火，比如系统更新、电子邮件等；同时确保有更多的宽带流量，这样网络信号会增强，屏幕图像效果也会更好。可以关掉家里其他无线网络应用程序，以确保会议网络畅通。

- 如果你的无线网络不是很好，你就直接将以太网线连接到路由器上。

- 给人们留出加入会议的时间，这个过程不可避免地会出现技术问题，一定要解决好这些问题。这段时间被称为联网社交时间，或者只是叙旧闲聊一下，让大家测试一下麦克风和光线，进行调整。开始可以做做自我介绍，或者打打招呼——"你好吗"，让人们自由交谈以测试设备是否可以正常工作。

- 要明确会议目的。"这次会议是为了回顾、决定、了解、总结……"

- 你要考虑会议全程是否都需要所有人在线参与？如果会议的某一部分不需要所有人都参加，你就要告诉大家，让不需要参加的人退出。

- 要清楚时间安排。各个议事项目之间会有一个时间空档，作为上一个项目的结束时间和下一个项目的开始时间。

- 主持人怎么能知道谁想发言？发言什么时候结束？因此要商定一些简单的手势，方便会议顺利进行。
- 要尽可能地互动。比如提出问题，给人们时间组织和整理自己的想法，建立分组让人们讨论问题，然后进行汇报。
- 可以将会议分为几段进行，每段10~15分钟。最好能安排一段休息时间，可以让大家像在面对面会议上一样，放松一下、和朋友聊聊天、喝点东西等。
- 虚拟会议缺乏社交规范，人们也没办法获得面对面会议中可以获得的线索。不要假装理解或同意，要明确任务，明确谁在什么时候做什么。
- 如果会议人数很多，最好让大家都把麦克风调成静音，以消除背景噪声。一定要确保大家都知道如何重新打开麦克风。
- 预计会出现一些混乱，比如连接中断、人们互相交谈、音画不同步等。这些情况时有发生，要尽力解决。
- 记住：背景、灯光和视野很重要。

这就是未来，你要学会习惯，并熟练掌握，让它为你服务！

| 第二十一章 |

如果情况不改变，他们就不会改变

变革中有四个 C

还记得 20 世纪 90 年代初的管理学流行语"变革管理"吗？我从来没有真正理解过它的意思。如果不是为了变革，那么管理的目的是什么呢？变革是管理的核心。

事实上，一些拥有经理头衔的人与进程管理器差不多。对管理者的真正考验是他们应对、管理变革的能力。这需要领导力和勇气，也需要理解人们做事的动力。为什么人们会讨厌变革？答案就在这里。变革中有四个 C：

- 恼怒（cross）：对正在变化的事情感到恼怒。
- 困惑（confused）：对正在发生的事情感到困惑。
- 遗弃（cast-off）：被抛弃的感觉，感觉到落后或不被需要。
- 混乱（chaos）：在这种情况下，心怀不满的人会去找另一份工作，优秀的人会跳槽（当知道自己可以跳槽时），其他人则会在充满怨恨的战场上工作，怨恨使他们看不到正在发生的事情。

这四个 C 不是我们每个人都要经历的阶段，也不是每个人都会遵循这个路径从一个阶段走到另一个阶段。但可以肯定的是，我们所有人都会经历其中的一些阶段，而有些人会经历所有这些阶段。

> **小贴士**
> 变革中的四个 C 是管理变革所需了解的核心，它们是最基础的内容。

它们是人们将会经历的情感反应。职场已经发生了很大的变化，没有人再指望一辈子只干一个工作。我们在现在的单位工作的原因各种各样，可能是"这是我唯一能找到工作的地方"，也可能是"我喜欢这份工作以及与我一起工作的人"，当然也可以是"我把这份工作作为找到更好工作的跳板"，或者"我只是在混时间等退休"。

你可以列出一千个不同的原因，解释为什么一千个人在他们现在的单位工作。他们有什么共同点吗？除了极少数人，大多数人工作都是因为他们不得不工作，他们需要钱。换句话说，他们需要安全感，而变革威胁到了他们的安全感，就这么简单。如果人们工作时没有安全感，他们就会因担心而变得难以相处，工作表现也会变差。

在变革时期与难以相处的人打交道

在这种情况下，你要做的第一件事就是假定人们会很难相处。即使对那些平时一起工作很愉快的人，你也要做最坏的打算！记住，这是安全感的问题。安全感（或安全感的缺乏）不仅会侵蚀不那么友好的人，也会侵蚀友好的人。

> **小贴士**
>
> 凡事都需要改变的情况很少发生。伟大的变革大师的诀窍在于，认清过去，并把最好的一面带向未来。让我们更详细地了解一下这四个C。

恼　怒

恼怒吗？当然，你能不恼怒嘛！多年来，你一直是一名忠诚的员工，尽了最大的努力，完成了公司要求你做的一切。然而，突然有人想改变这一切。你肯定会回家向家人抱怨,向朋友嘀咕,向同事发牢骚。

那怎么处理呢?答案很简单。你可以这样问:"克里斯托弗,我知道你对正在发生的变化感到很生气。告诉我你为什么生气,让我们看看是否有什么可以做的。"这里只用了一些简单的词,旨在使对话聚焦重点。如果他回应说:"别问我,没有人会听我的话。"你就可以这样回答:"我很抱歉让你有这种感觉。我现在正在听你说。你觉得我应该了解什么?"你可以问问人们在变革前的工作中有什么优势。

不要提高期望值,要现实一点。但是,你可以表示同情,也可以给予理解和支持。"我知道改变对我们所有人来说都很困难,但如果我们不采取最先进的工作方式,我们的日常开支将继续上升,这会影响我们的竞争力。"或者这么说:"我知道你在工作中投入了很多,而这正是我希望你尝试另一种方式的原因。我们最好能真正尝试几个月,然后根据可靠的经验来对这项变革进行评估,不是吗?"然后商定一个行动方案,让可怜的、恼怒的老克里斯托弗也参与其中。

困 惑

如果你多年来一直在做同一份工作,也一直以同样的方式工作,那么当有人出现并改变了一切时,你就会感到困惑。这不仅是"工作的事情",还关乎自我形象和失落感。这是在公司工作了很长时间的员工的普遍感受,变革会带给他们一种真实的失落感。

他们想知道该如何适应,甚至能否适应这种变革。所以你一定要强调变化,以及这些变化会如何提高工作满意度。你可以说:"科林,你工作非常出色,我们希望这些改变能让工作变得更容易／更快／更安静／更安全／更令人满意,或者让你与客户的接触变得更多或更少。"你要专注于变革的积极方面,说明它们可以为困惑的科林带来好处。

遗 弃

在这四个 C 中,遗弃肯定是最常见的,它的背后还隐藏着另一个 C——沟通(communication)。这个由 13 个字母组成的单词,对一些人来说是不幸的。公司越大,变革就越复杂;变革实施的速度越快,就会有越多的人不知道发生了什么。

这种情况需要你拿出所有的耐心。你可能已经发出了 27 吨重的公司内部简报,召开了不知道多少次说明会,用电子邮件对公司员工进行了无数次轰炸,以帮助他们了解新情况。但是,仍然会有一两个人(或者更多人)不知道发生了什么。

听听人们对新部门、新工作场所或新工作的看法吧。你会听到他们说:"像我这么大年纪的人已经没有容身之地了。"你要跟他们解释如何适应新公司、为什么会发生变革以及他们可以发挥什么样的作用。你可以像下面这样讲：

> 凯瑟琳，如果这些变革让你觉得我不重视你，那我很抱歉。但事实并非如此。重要的是，新公司需要像你这样有经验的人，我们需要你的专业知识来帮助公司走向未来。现在告诉我，你还有什么担心的问题呢？

诀窍就是：不要置之不理。那些声称自己很困惑、不知道发生了什么的人有时会把这当作一种防御机制。换言之，他们并不想知道发生了什么。所以你们要商定一些与变革相关的目标，并监测结果。这样的话，那些困惑的人就会开始参与。

如果给被遗弃的凯瑟琳一个容身之处，那么通常她是会留下来的！

小贴士

小公司也存在沟通障碍。老板经常会认为，这只是个小公司，每个人都会知道发生了什么——但事实并不是这样的。小公司也需要沟通！

管理变革有两个诀窍，第一个是把变革告诉大家并让大家对变革产生兴趣。你要频繁地、清楚地告知大家所要发生的变革，准备好一次又一次地反复说明。

第二个是以一种让员工感兴趣的方式告诉大家。你要解释这些变革，但不要从公司的角度进行解释（这也需要做，但不是现在），而要从变革将如何影响个人、对每个人意味着什么的角度进行解释。这能够使人们在个人层面参与变革的过程。

混　乱

"我不知道该如何适应这种混乱，也不知道该做什么。我只知道，这真是一团糟。"你一定在某个时刻，听到过有人这么说。

就从建立信心开始吧。请查理说出他对这些变化的看法，然后说："嗯，这是一个很好的总结。让我们花点时间来看看细节吧。"不管他说了什么，都是时候从头开始，让混乱的查理回到正轨上来了。这比下面这样说要好得多："查理，即使是一个十足的白痴也能理解这一点。你到底怎么回事？"

管理何时变成了操纵？真正伟大的管理者能保持周围人的自信和平衡。他们鼓励员工相信自己，并想办法向员工表明他们相信员工。

> **练　习**
>
> 回想一下你经历过的变革，你能体会这四个C所涉及的感

受吗？你当时是什么感觉呢？你周围的人能将这种情况处理得更好吗？他们是怎样处理的？

要点总结

- 变革可能会使许多人感到不安，让他们变得难以相处，因为这威胁到了他们的工作和生存安全。
- 人们通常会对变革感到恼怒。请他们解释原因，看看你是否可以做些什么来缓解他们的担忧。
- 变革也会让人们产生困惑和自我怀疑。你要让他们放心，并给他们解释他们与正在发生的变革的关系。
- 在变革时期，人们常常会有被遗弃的感觉，这与缺乏沟通有关。确保他们可以及时了解情况并参与变革工作，不要让他们感到被忽视。
- 如果人们觉得情况很混乱，不知道如何适应变革，那么你就和他们一起讨论一下变革的细节问题。

第二十二章
关于冲突和如何处理冲突的快速指南

什么是冲突

"冲突"的确切定义是思想或利益的直接分歧、战斗或斗争、敌对或反对,再加上不兼容和干扰这样的描述,你会看到一个非常丑陋的画面。

无论冲突是如何定义的,当遇到时你就会理解什么是冲突了。其中涉及什么?或者用大师的话来说,冲突的动力是什么呢?

有两个基本因素在起作用:

- 参与者之间的客观差异;
- 像礼物的外包装一样的情感和感知。

人们对冲突的反应有五种基本方式,即两个 P 和三个 C:

- 推迟（put it off）：他们会避开冲突，假装冲突不存在，并推迟处理。
- 忍受（put up with it）：通常导致某人为所欲为。
- 妥协（compromise）：他们会寻求双赢，即双方（或各方）都放弃一些东西来达成一致的结论。
- 继续战斗（carry on fighting）：当一方、双方或各方都不准备退让时，他们会一决胜负，直到倒下！
- 合作（collaborate）：双方达成一致的解决方案，并且每个人都表达了自己的需求。需求不一定能得到满足，但一定要提出来。

合作是最理想的，但也是最难实现的。它还需要两个 P——耐心（patience）和毅力（persistence），再加上几加仑的汗水！你必须认识到冲突的两个基本因素。如果不考虑其中所涉及的情感因素，你就无法以客观的方式处理分歧。

> **小贴士**
>
> 你要清楚的是，如果在解决冲突的过程中情感不能得到释放，那么冲突就无法得到有效的解决。

处理冲突：冷却冲突的 10 个步骤

面对冲突时，你能做些什么呢？冲突是不可避免的吗？不，不是的。这里有 10 个简单的步骤可以缓和紧张的局面，使问题不再棘手（见表 22-1）。你可以成为一个从容应对一切的人，也可以成为一个在水深火热的情况下保持冷静的人。你可以成为和平缔造者，但并不是必须化身为特蕾莎修女才能缔造和平。这其实很简单，真的。

表 22-1 缓和局面的 10 个步骤

第 1 步 面对面处理冲突	不要通过电子邮件、短信或电话等形式处理冲突。和平使者会"面对面地处理冲突"。难处理吗？有时候确实难。但是，留言和送信只会助长怨恨、不满、仇恨、敌意和恶意。
第 2 步 证明你可以理解	可以说"我理解"，但要谨慎使用。说"我理解"可以表示知情和支持，但也会引起对方这样的反应：你说"你理解"是什么意思？你怎么可能知道？你可以使用理解的概念，但最好用不同的方式表达。比如："我看得出你很难过。前一段时间，我和某人大吵了一架，我非常生气。我想你也有同样的感受。如果你和我的感受一样，那么我想我能理解你的感受。"说"我理解"意味着你知道的比别人多，或者有一种居高临下的感觉，这很可能会使情况变得更糟。但证明你可以洞察某人的愤怒或不安情绪，却有助于化解这种情绪。

（续表）

第3步 抵制住摆脱冲突的冲动	尤其是当你感受到威胁时，你一定是想逃避的。当然，如果真有危险发生的话，那你一定要在这种情况发生之前离开！如果你觉得别人说的话威胁了你，那么你一定想关上窗户，不再与他们进行沟通。但你一定要抵制住这种冲动。让情况僵在那里并不能解决问题，你要尽量保持沟通渠道的畅通。
第4步 不要生气	把注意力集中在引发所有怒气的问题上，然后提出一个合适的要求。所以，当一位同事没有满足最后期限，让你感到失望时，你可以说："迪克，我能请你在明天早上之前把那份工作的相关材料放到我的桌子上吗？"为什么要提这个要求呢？第一，提出一个正确的要求可以让你有十亿分之一秒的时间把火气收起来，避免点燃导火线；第二，它会阻止你将小问题转化为更大的冲突。
第5步 成为一面镜子或一台录音机	如果有人以挑衅、威胁的方式重复说一些让你心烦的话，那你就准确地复述他们说的话给他们听："所以，莫琳，你在说……（复述一遍他们说的话）。"当听到自己说的话时，这个人很可能会意识到自己的话是多么不合适、多么伤人，并因此而冷静下来。有时你必须不止一次地重复这些话。这一技巧可以让谈话的焦点集中在问题上，防止谈话偏离到不可挽回的程度。用管理大师的话说，这叫作中心化，可以使问题聚焦在焦点上。
第6步 为自己的情绪负责	不要把自己的情绪责任推卸给别人。这是你的愤怒，所以你要对此负责。你可以说："彼得，我很生气，因为你交付项目的时间晚了，而且没有提前告知我你的进度落后了。"这比下面这样说要好得多："你做事拖延，真的让我很生气！"看出差异了吗？前面的说法没有转移责任，彼得只需解释他交付项目迟到的原因，而不必处理你的愤怒。这很微妙，但是很有效——真的，否则我就把书钱退给你！

（续表）

第 7 步 想象自己站在 冲突的另一边	你如果要处理一场冲突，就要把自己想象成一名法官，将争论的双方放在天平的两端，对庭审案件给出裁决。你要公平地对待双方："一方面，我确实看到工程部门无法按时交付项目，是因为销售部门没有给他们客户的图纸。另一方面，工程部门知道这项工作需要在八周内完成，却没有主动要求销售部门提供所需的资料。然而，销售部门应该清楚地意识到，交付失败将对整个项目产生相当大的危害。我认为每一方都有责任。我们需要做些什么来进行纠正，并确保这种情况不会再次发生呢？"
第 8 步 控制情绪	能够控制自己的脾气是值得骄傲的事情。学会自我控制，保持冷静。你练习得越多，就越能保持冷静。面对冲突时，你可以对自己说："这对我来说是一次机会，让我练习控制自己、保持冷静并放松下来。"你练习得越多，就会做得越好。我保证这非常有效，否则我就把书钱退给你！
第 9 步 暂停一下	什么都不要做。你如果知道自己要变成一枚飞鱼导弹了，就一定不要扣动扳机，为你、其他人以及这件事留一些时间。如果有人破坏了你一直为之努力的一切，那么你就集中精力做些什么来进行挽救。让别人知道你的感受，可能会让你感觉更好，但不能解决问题。在你和"造成这一切悲伤的人"之间留出一些时间和距离，会让你的情绪变得不那么强烈，这样你就可以更好地确定真相，找出混乱的根源。
第 10 步 允许自己情 绪化	如果要发脾气，就优雅一点，不要摔门，不要砸桌子。这会让人害怕，也会让别人嘲笑你，最重要的是，所有人都会记得你情绪失控的那一天。你会因此被人们记住，人们会认为你反复无常，这离成为不可靠的人只有一步之遥。还想发脾气吗？要保持礼貌，谨慎说话。你要让别人记住你是一个聪明人，而不是一台粉碎机！

练 习

想想你上次经历冲突的时候吧！上述10个步骤中你做到了哪几个？思考一下，怎样才能做到你之前没做到的步骤？结果会有什么不同吗？如果会，会如何不同呢？

要点总结

- 冲突是由人们持有的观点的差异，以及随之而来的情感和感知的差异构成的。
- 情绪会搅乱整个过程，但它与冲突有着内在的联系，所以你首先需要解决情绪问题。
- 要面对面地处理冲突。
- 表现出你的同情，并试着理解他人的观点。
- 要尽力解决问题，不要使其变成肢体冲突。
- 首先，要求人们对事情进行补救。
- 复述别人对你说的话，这样他们就可以直接感受到他们自己是怎么说话的。
- 接受并承认你的感受，也要与他人进行交流。
- 尽量做到公平地看待争论的双方。
- 练习控制自己的情绪。
- 如果你觉得自己无法控制冲突的话，就深吸一口气。
- 如果你要发脾气，请谨慎选择措辞，不要过火。

| 第二十三章 |

最后的最后……

如果本书讨论的这些难以相处的人让你感到沮丧的话，就想想那些让你快乐的人吧——那些让你愉悦的人，那些你期待看到的人，那些照亮你生活的人，以及那些可以愉快共事的同事和可靠、诚实、坦率而有趣的伙伴。

如何与他们打交道呢？随着你的工作单位，你居住的小镇、县城，你所在的国家、大陆，这个世界以及所在的星系，乃至整个宇宙都越来越多地使用技术来管理信息、进行通信，你很容易就会忘记一个最伟大的激励工具。它很简单，却即将成为濒危物种，被电子邮件、在线留言、短信和数据传输所取代。这个虽简单却最好用的工具的构成元素可能就放在你的桌子上，那就是笔和纸！永远不要忽视手写便条的力量。一张感谢卡、一张写着"干得好"的便条，都会产生巨大的作用。用一张手写的便条来强调某人做得有多好吧！

给同事写张便条说："我给玛丽写了个便条，因为我认为她在处理那位棘手的牛津客户时，做得太好了。你不觉得她做得很好吗？"

给你的老板写张便条说（为什么不这么做呢）："谢谢您帮我渡过难关，我真的非常感激。"

给你的客户写张便条说："我想让您知道，我们非常开心有机会满足贵方的供应链需求，我们将尽最大的努力为您提供优质的服务。"

最后，真的是最后：

感谢购买本书，希望对你有用！

如何激励销售团队

我曾经做过"激励销售团队"的相关工作。我要想出新的方法来激励销售团队,让他们有更好的表现,真是一份噩梦般的工作。他们聪明、有主见,是一群才华横溢的人,获得了成功,有很高的收入。找到提高他们业绩的办法变得越来越难。

一天,当埋头研究销售报告和相关数据时,我产生了一个想法。平均而言,一个销售团队找到 20 位潜在客户,能与 5 位客户见面,最终可达成两笔交易。这意味着只有 18 个人对我们说"不",才会有两个人对我们说"是"。

我因此彻底改变了整个申报和奖励体系。我们鼓励大家得到客户的"不",这样的话,得到的"不"越多,我们就越接近"是"。这产生了一个有趣的衍生现象,即我们对客户的"不"越重视,销售团队就越有兴趣讨论潜在客户为什么说"不",他们既不再因为得到"不"而羞耻,也不再隐瞒客户说的"不"。

我们分析了销售技巧，进行了销售演示，改进了产品供应。这真的很有效，在我们分享失败和成功的过程中，预期成交的客户增加了一倍。